Shinmai Sensho 信毎選書

信州の鉄道碑ものがたり

降幡　利治

復刊にあたって

降幡　賢一

復刊のお話を頂戴して、父が送ってきたこの本の初版本をほぼ四半世紀ぶりに取り出してみると、中に父の手紙が挟まれていました。「鉄道関係の本では、おそらくこれが終わりとなるでしょう。いろいろと調べた資料も出し尽くしたから」とだけ、簡単に書いたメモでした。

このとき、父は73歳。旧国鉄に長く勤めて長野県内を転々とし、長野駅長を最後に退職した後の旅行会社の仕事も終えて、ふるさとに戻り、ボランティアで町の観光協会の仕事をしているころでした。現役時代から本職の傍ら長野県内の郷土史や鉄道関係の本を何冊も出してきた父にとってこの本は、長らく自分が関わった鉄道への思いを込めた、最後の一冊になったようでした。

製糸業が盛んだった諏訪地方にあって、蚕種の仲買を家業とする家で6人兄弟の長男として育った父は、昭和恐慌での生糸価格大暴落のあおりを受けて苦境に陥った家計を助けるため、旧制中学4年生の6月末で学校をやめざるを得なくなり、当時の鉄道省に就職しました。今で言えば、高校1年生のときのことになります。

父が生前書き残した履歴書によると、その職歴の筆頭には、「昭和8年(1933)7月1日　臨時人夫　甲府車掌所塩尻支所　日給95銭」とあります。今では使われることのない、少々差別的な色合いの濃い呼び名ですが、「臨時人夫」として旧国鉄に採用された父は、それから「列車手」や駅の「出改札兼電信掛」、あるいは「輸送係」、「旅客係」として、主に営業の現場で働きました。長男である私が生まれた終戦のころは、当時長野県内をも管轄した甲府管理部所属で、飯田線の赤穂駅(現在の駒ケ根駅)に在勤。戦後、甲府管理部に一度戻った後、中央線の上諏訪駅に長らく務め、さらに国鉄の組織替えで出来た長野鉄道管理局に勤務するころからは、父が担当する区域は、松本や長野を拠点に、県内全域に広がっていきました。

本文にあるように、父が鉄道碑について調べ始めたのは、長野駅長になる前の長鉄局旅客課長時代に出会った「信越線工事犠牲者供養塔」の撤去、棄却されかかっている様子に義憤を感じたのがきっかけのようでした。それを契機に県内各地に残る鉄道碑を訪ね、その一つ一つに刻み込まれた物語を探ろうとしたとき父は、日本の近代化とともに各地に鉄路が広がっていったころの人々の、鉄道敷設と駅の開設にかける期待と情熱、また一方で建設工事や不慮の事故によって犠牲になった方たちの苦難の記録に、一人の鉄道員として胸を熱くしていたに違いないと思います。

鉄道碑を通じての人々と歴史との出会い。それに自分が人生を投じてきた仕事への熱い思いを重ね合わせて書いたであろうこの本の復刊の提案をいただいたとき、真っ先に浮かんできたのは、まだ開発されたばかりだった小型の「ワープロ」に向かってせっせと原稿を打ち込んでいた、まだ若々しかったそのころの父の姿でした。

復刊を企画、提案し、再度丁寧に調べ、内容をさらに充実させて本を蘇らせていただいた信濃毎日新聞社と、ご協力をいただいた方々に改めて感謝します。

はじめに（初版所収）

事跡や業績などを後世に伝えるために、その事実を文章として石に刻み、建てて記念としたのが石文である。記念碑や顕彰碑・頌徳碑、また供養・慰霊の碑などがある。鉄道に関するそれらの石文が鉄道碑で、顕彰の像なども含まれる。明治5年に初めて敷設された鉄道は、我が国の文明開化の先駆けとなった大事業で、これに関連する石文が各地に次々と建てられた。

このように石文は、歴史的大事業や事件などを後世に伝えたいとの願いを込めて建てられたもので、文化財的にも貴重であるにもかかわらず、歌碑・句碑などとは趣を異にしていることもあって、時代とともに関心は薄れがちになってきているのは残念なことである。意義ある石文を見直してほしいものだ。

以前、善光寺境内の「信越線工事犠牲者供養塔」が撤去、棄却されかかっていた折、その移転保存に関わったことがきっかけで、県内各地の鉄道碑を調べた。この本も、貴重なそれらが末永く見守られ、保存されることを願って書いたものである。本書が、鉄道碑について関心をもっていただくための一助となれば、うれしく思う。

平成3年2月吉日

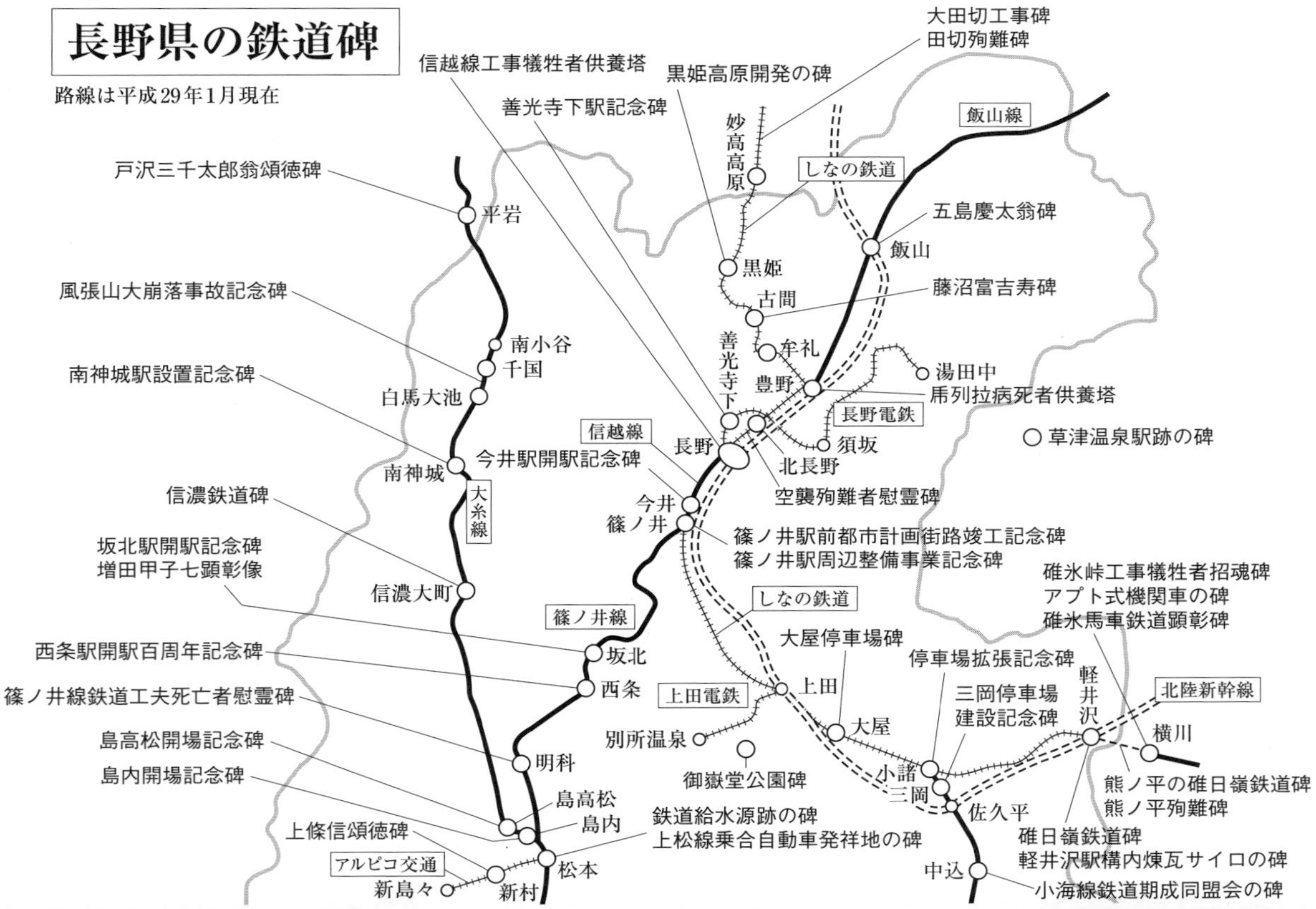
長野県の鉄道碑
路線は平成29年1月現在
戸沢三千太郎翁頌徳碑
平岩
風張山大崩落事故記念碑
南小谷
千国
南神城駅設置記念碑
白馬大池
南神城
大糸線
信濃鉄道碑
坂北駅開駅記念碑
増田甲子七顕彰像
信濃大町
西条駅開駅百周年記念碑
篠ノ井線鉄道工夫死亡者慰霊碑
島高松開場記念碑
島内開場記念碑
上條信頌徳碑
アルピコ交通
新島々
新村
松本
島高松
島内
明科
西条
坂北
篠ノ井線
信越線工事犠牲者供養塔
善光寺下駅記念碑
黒姫高原開発の碑
大田切工事碑
田切殉難碑
妙高高原
しなの鉄道
飯山線
五島慶太翁碑
飯山
黒姫
藤沼富吉寿碑
古間
牟礼
善光寺下
豊野
湯田中
疖列拉病死者供養塔
長野電鉄
須坂
北長野
空襲殉難者慰霊碑
長野
信越線
今井駅開駅記念碑
今井
篠ノ井
篠ノ井駅前都市計画街路竣工記念碑
篠ノ井駅周辺整備事業記念碑
草津温泉駅跡の碑
碓氷峠工事犠牲者招魂碑
アプト式機関車の碑
碓氷馬車鉄道顕彰碑
しなの鉄道
大屋停車場碑
停車場拡張記念碑
三岡停車場
建設記念碑
軽井沢
北陸新幹線
横川
上田電鉄
上田
大屋
別所温泉
御嶽堂公園碑
小諸
三岡
佐久平
熊ノ平の碓日嶺鉄道碑
熊ノ平殉難碑
碓日嶺鉄道碑
軽井沢駅構内煉瓦サイロの碑
鉄道給水源跡の碑
上松線乗合自動車発祥地の碑
中込
小海線鉄道期成同盟会の碑

みどり湖駅開駅記念碑
塩尻
みどり湖
岡谷
湖畔道路開通記念碑
下諏訪
小海
善知鳥山鉄道工事記念碑
小野
川岸
上諏訪
すずらんの里
小海線
木曽平沢開駅記念碑
JR 最高地点
辰野
信濃境
野辺山
木曽平沢
小淵沢
宮ノ越
清里
小海線全開通三十周年記念碑
中央線全通記念碑
川岸駅開通記念碑
原野
小川平吉顕彰碑
木曽福島
木曽森林鉄道記念碑
伊那市
伊藤大八胸像
中央線
上松
信濃境新駅記念碑
飯田線
倉本駅開駅記念碑
倉本
小川平吉生誕地の碑
大桑駅開駅記念碑
大桑
林鉄記念碑
田切
田切駅舎移転記念碑
野尻
十二兼駅開業二十周年記念碑
十二兼
伊那田島
伊那田島駅の碑
田立駅移転記念碑
田立
JR 新幹線
JR 在来線
民鉄線・第3セクター線
飯田
伊原五郎兵衛頌徳碑
中央線
川路
天竜川上流部治水対策事業完成記念碑
天竜峡
門島
田本
大表沢災害事故遭難者慰霊碑

目次

長野県内の鉄道路線の動き

本書の内容は、底本（平成3年、郷土出版社刊）のままを原則としました。しかし、北陸新幹線の開業を筆頭に長野県内の鉄道事情は大きく変化したため、路線名、鉄道会社名などが現状と合わない場合があります。底本刊行後の大きな動きは、次の通りです。本書を読むにあたっては、以下の内容を前提にしてください。（編集部）

平成9年（1997）
▽北陸新幹線・高崎—長野間が開業（県内開業駅＝軽井沢、佐久平、上田、長野）。東京—長野間の直通運転開始【10月1日】
▽信越線・横川—篠ノ井間のうち、軽井沢—篠ノ井間は第三セクター「しなの鉄道」に移管。横川—軽井沢間は路線廃止し、ＪＲバス関東に転換【10月1日】

平成14年（2002）
▽長野電鉄河東線・信州中野—木島間（木島線）廃止【4月1日】

▽長野電鉄が長野線（長野―湯田中）、屋代線（屋代―須坂）に路線名変更【9月18日】

平成17年（2005）
▽上田交通が鉄道部門を分社化し「上田電鉄」設立【10月3日】

平成23年（2011）
▽松本電気鉄道が「アルピコ交通」に社名変更【4月1日】

平成24年（2012）
▽長野電鉄屋代線・屋代―須坂間廃止【4月1日】

平成27年（2015）
▽北陸新幹線・長野―金沢間が延伸開業（県内開業駅＝飯山）【3月14日】
▽信越線・長野―直江津間のうち、長野―妙高高原間は第三セクター「しなの鉄道」（北しなの線）、妙高高原―直江津間は同「えちごトキめき鉄道」に移管。【3月14日】

長野県の鉄道路線（平成29年1月1日現在）

北陸新幹線（JR東日本・高崎―上越妙高／JR西日本・上越妙高―金沢）
信越線（JR東日本・篠ノ井―長野）
中央線（JR東日本・東京―塩尻、岡谷―塩尻／JR東海・塩尻―名古屋）
篠ノ井線（JR東日本・塩尻―篠ノ井）
大糸線（JR東日本・松本―南小谷／JR西日本・南小谷―糸魚川）
小海線（JR東日本・小淵沢―小諸）
飯田線（JR東海・豊橋―辰野）
飯山線（JR東日本・豊野―越後川口）
しなの鉄道しなの鉄道線（軽井沢―篠ノ井＝旧信越線）
　北しなの線（長野―妙高高原＝旧信越線）
長野電鉄長野線（長野―湯田中）
アルピコ交通上高地線（松本―新島々）
上田電鉄別所線（上田―別所温泉）

おことわり

◆本書は、平成3年初版『信州の鉄道碑ものがたり』（郷土出版社刊）を底本とし、他に著者が執筆した機関紙「鉄道広報」（鉄道広報社発行）の連載「鉄道碑物語」のうち長野県関連の記事を加えて、再編集と補筆・修正等を行った復刊版です。「鉄道広報」の記事にはタイトル脇に＊を記しました。

◆内容や文章表現は原則として底本のままとしましたが、明らかな間違いは修正したほか、数字や漢字、送り仮名、単位などの表記、句読点や改行位置などは、著者の意図や文脈が変わらない範囲で、一定の表記ルールに基づき、読みやすくなるよう手を入れました。なお、碑名や本文に現在は不適切とされる表現を含む場合がありますが、原則として底本のままとしました。

◆本文中の事実や人物の肩書き等は底本の刊行当時のものですが、状況が変わっている内容（碑の移転、周辺環境の変化、路線の改廃等）で、特に注意や説明が必要だと思われるものについては、各項の末尾に「編集部補筆」を加えました。なお、各項冒頭の「碑の所在地」は現在地としたため、碑が移転した場合は本文と食い違う場合があります。なお、碑によっては立ち入りが禁止・困難だったり、見るために許可や入場料が必要な場合があります。

◆タイトルとなっている碑の名称は、碑の内容に応じて著者や編集部が一般的な名称としたり、現代的な表記にしたものもあり、必ずしも「正式名称」とは限りません。このため、実際の碑文や他の資料の表記等とは異なる場合もあります。

◆底本で紹介しなかった碑、また、底本刊行後に建立された碑のうち、主なものを「補遺」の章にまとめました（編集部執筆）。各項の「編集部補筆」で触れたものもあります。

◆事実や内容、日付等については、諸説あったり、現在では異なった解釈をされている場合もあります。

◆使用している図版・写真類の多くは、本復刊版のために新たに用意しました。このため、底本とは異なる写真類を掲載したところがあります。なお、古い写真の一部に、所有者・権利者不明のため連絡が取れなかったものがあります。お心当たりの場合はご連絡ください。

◆巻末の資料（線別・区間別開業日、駅の標高）は、現在の資料に基づく内容としました。

信越線

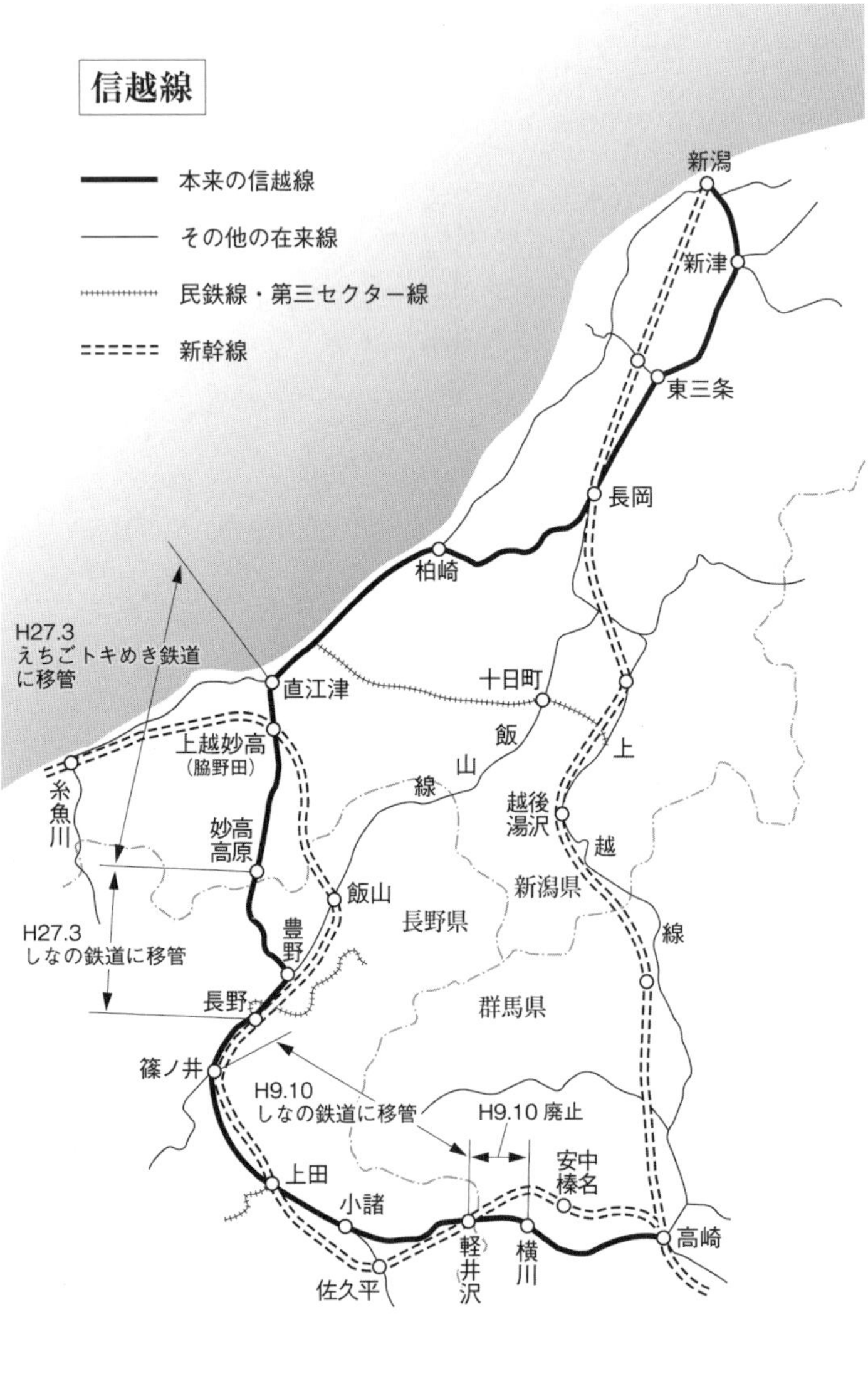
信越線
本来の信越線
その他の在来線
民鉄線・第三セクター線
新幹線
新潟
新津
東三条
長岡
柏崎
H27.3
えちごトキめき鉄道
に移管
直江津
十日町
飯
山
線
上
上越妙高
（脇野田）
糸魚川
越後
湯沢
越
妙高
高原
飯山
新潟県
長野県
豊野
H27.3
しなの鉄道に移管
線
長野
群馬県
篠ノ井
H9.10
しなの鉄道に移管
H9.10 廃止
安中
榛名
上田
小諸
軽井沢
横川
高崎
佐久平

碓氷峠工事犠牲者招魂碑

▼群馬県安中市松井田町横川

超難工事――正確な犠牲者数は分からず

現在の信越線の高崎―横川間が開通したのは、明治18年（1885）10月15日。一方、直江津からの長野県側工事は、軽井沢までの開通が同21年（1888）12月1日であった。全通は同26年（1893）4月1日で、その間4年余は軽井沢―横川間を馬車鉄道で連絡した。

この碓氷峠《うすい》のトンネル工事は、当時としては難工事中の難工事だった。横川―軽井沢間11・2キロのうち、熊ノ平信号場を中心に8・1キロの区間は、その構内を除き1000分の66・7という急勾配であったため、アプト式鉄道が採用され、建設予算は200万円だった。

明治24年（1891）3月19日に起工式が行われ、軽井沢側から着工した。機械力もない時代、険しい山や深い谷に掘り抜いたトンネル26、延べ約4460メートル、架けた橋

難工事の末、完成間近の碓氷第3橋梁。橋の上に作業員と視察員を乗せた試運転列車が停まっている（明治26年1月）＝鉄道博物館提供

並んで立つ犠牲者招魂碑（右）と殉難者鎮魂碑。鎮魂碑の建立に合わせて町外れにあった招魂碑を移設し、並べた

18ヵ所、延べ450メートル、最大の碓氷第3橋梁は長さ91メートル、谷底からの高さ31メートル。これらの作業はすべて人力によったので困難を極めた。

犠牲になった人について、軽井沢方の現地調査・測量に当たった六等技師・渡辺信四郎は、「工事中二十五年四・五月ノ頃ハ大雨降リ続キ国道ニハ山崖崩落シテ工夫小屋等ヲ潰《つぶ》シ其家族数名ノ死傷セシモノアリタレドモ隧道《ずいどう》等ニハ大害ヲ及ボサズ多少ノ死傷ナキニアラザリシモ其ハ坑夫ノ不注意ヨリ爆発ノ石片ニ触レ或ハ少量ノ土砂ニ埋メラレタルモノニシテ其負傷等ヨリ余病ヲ惹起シタル者ヲ合セ約二十名ニ過ギザルベシ」と工事報告に書いている。だが、これは碓氷峠工事犠牲者の総数とは考えられない。軽井沢方の一部区間についてのことか、事実を秘しての報告か、今となってはわからない。一説には、犠牲者は500人を数えたともいうが、その公式の記録はない。わずかに、横川町の北はずれに立つ招魂碑がそれを伝えている。その碑には、上部に横書きで「鹿島組」、中央に大きく「招魂碑」とあり、「龍集明治二十五年春三月二日　兵庫県加古郡草谷村魚住八十松外五百名　明業舎　願人魚住政吉」の文字を読み取ることができる。

言い伝えによると、犠牲になった人びとは、監獄部屋の強制労働、過労やコレラの大流行、災害や工事中に続出した事故により命を落としたといわれ、当時、地元民は恐れをなして、誰ひとり人夫に応ずる者はなかったという。いかに悲惨なものだったか想像もつかない。

【編集部補筆】 横川の林道沿いにあった本招魂碑は現在、横川駅の西約700メートルの旧中山道沿い（碓氷関所近く、碓氷峠鉄道文化むら裏手）に移設された。移設は、地元有志による「うすいの歴史を残す会」によって平成7〜8年に行われ、このときには同会によって「碓氷路交通殉難者鎮魂碑」も建立された。

鎮魂碑と招魂碑は並んで立ち、屋根もある。鎮魂碑は、信越線碓氷峠区間の難工事や保線、事故など同区間で犠牲になった人びとの霊を慰めるために、北陸新幹線開業に伴う同区間の廃止に先だって建立。同会による慰霊祭も開かれている。

アプト式機関車の碑＊

▼群馬県安中市松井田町横川（横川駅旧構内・碓氷峠鉄道文化むら内）

難所を70年間行き来したアプト式

信越線の高崎―横川間は明治18年（1885）10月に開通、直江津から軽井沢に向けての工事の完成は同21年12月。軽井沢―横川間の全通は同26年4月で、その間4年余は馬車鉄道が連絡していた。

碓氷峠のトンネル工事は、当時としては難工事中の難工事だった。穿《うが》ったトンネル26、架けた橋18ヵ所。この区間での工事犠牲者が500名にも上ったことを伝える犠牲者の招魂碑も、横川町の北のはずれにある。

アプト式機関車の終わりを記念し「刻苦七十年」と書かれた碑。歯車とラックレールを再利用したオブジェ

碓氷峠のアプト区間 縦断面図（高崎鉄道管理局 昭和30年7月の資料を基に作成）

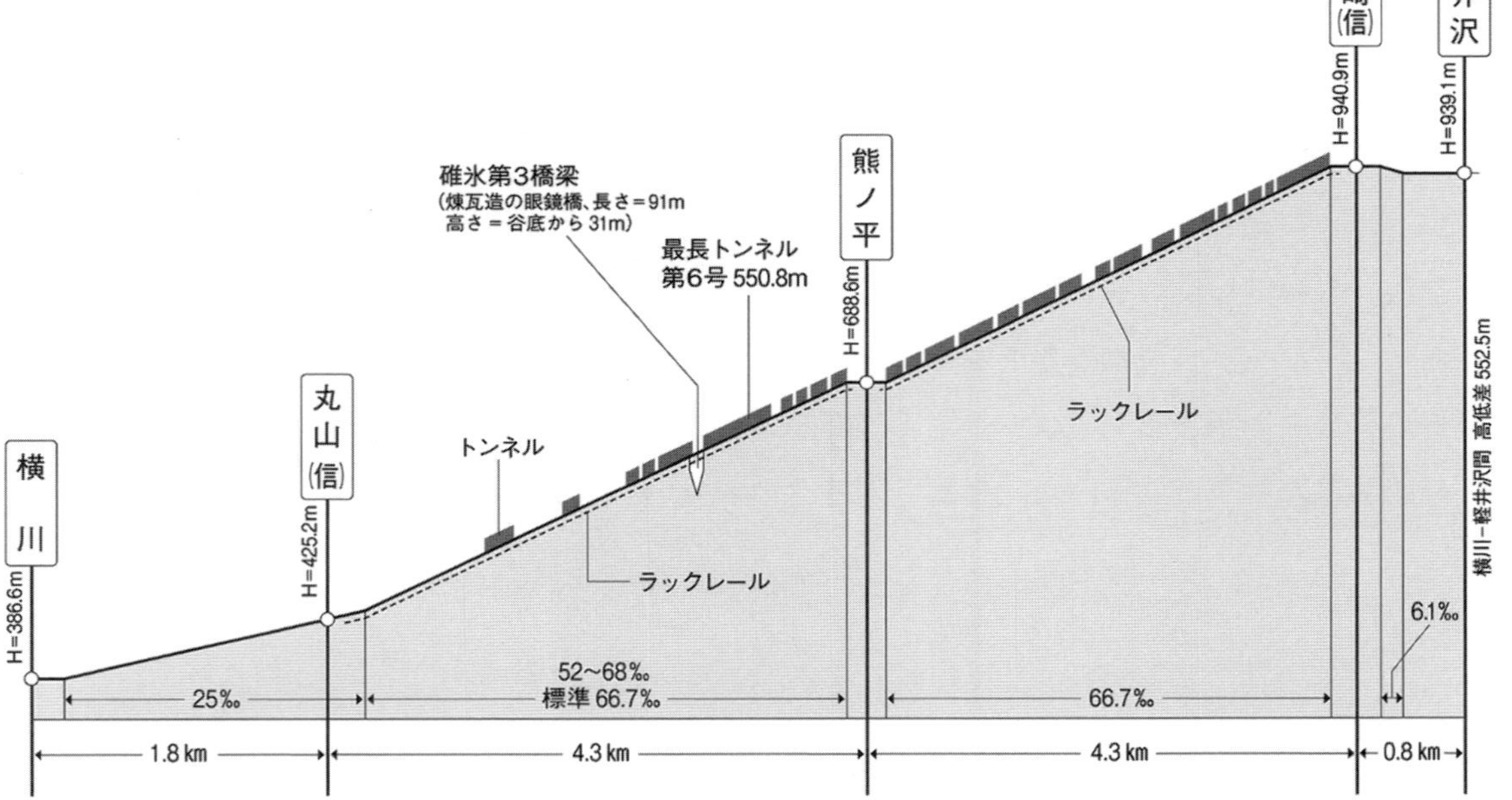

アプト区間の開始地点を行くＥＤ42電気機関車牽引の列車。線路脇の第３軌条から電気を得た（昭和36年11月）＝小西純一氏提供

横川―軽井沢間11・２キロのうち、熊ノ平信号場を中心に８・１キロの区間はその構内を除き１０００分の66・７という急勾配であったため「アプト式鉄道」が採用された。アプト式は、２本のレールの間に敷いた歯形のラックレールに、電気機関車の床下に設けられた歯車をかみ合わせ、上り下りする方式である。

アプト式鉄道として開通したものの、スピードアップと輸送力の増強にはこれがネックだった。このため、アプト線の上流側に「碓氷新線」が昭和38年（１９６３）10月に開通した。同時に明治からの旧来線は廃止となり、アプト式鉄道70有余年の歴史が閉じられた。その記念碑が、横川運転区の構内にある。

記念碑は、台石の上にアプト式のラックレールと、機関車のピニオンギア（歯車）を組み合わせたもので、ギアの中央には「刻苦七十年」と記された銘板が取り付けられている。

粘着運転、そして路線廃止へ

碓氷新線が開通し、アプト式機関車の連結は必要なくなった。が、レールと車輪の摩擦だけで勾配を行き来する「粘着運転」でこの区間を通過するには、強力なＥＦ62、63機関車2両を連結する必要があった。軽井沢への上り勾配では押し上げ、横川への下り勾配では制動力を必要としたが、双方の駅で機関車連結、切り離しの作業があり、特急を含む全列車が停車した。

平成9年（1997）10月1日、北陸新幹線の高崎―長野間開業と同時に、信越線軽井沢―横川間の碓氷峠区間は廃止となり、バス連絡となった。百余年の歴史を閉じる碓氷峠の鉄道とあって、廃止の日が近づくに連れて別れを惜しむ人たちが連日数多く訪れ、横川駅周辺は大変な賑《にぎ》わいだった。

【編集部補筆】 碓氷峠鉄道文化むらは、横川－軽井沢間の廃止で役目を終えた旧横川運転区の跡地に建設された鉄道テーマパーク（有料）で、平成11年（1999）4月開園。碓氷峠交通の歴史や資料、国鉄時代の貴重な車両などを展示している。

本碑の隣には、鉄道文化むらの開設を記念する台形の記念碑（**写真**）も立つ。当時の松井田町長・内田武夫氏による碑文には「先人達が営々と築き上げた峠越えの歴史と鉄道文化を永く後世に引き継ぐとともに、地域のさらなる活性化を図るため、群馬県・東日本旅客鉄道株式会社をはじめ関係各位のご支援とご協力をいただき、ここに碓氷峠鉄道文化むらが建設されるものである」とある。

熊ノ平殉難碑

▼群馬県安中市松井田町坂本（旧熊ノ平駅構内）

旧駅の下りホーム脇に立つ熊ノ平殉難碑。慰霊のほこらも並ぶ

駅を襲った崩落土砂

昭和25年（1950）6月9日朝、突如の大崖崩れで、横川駅・保線区の職員らとその家族50名が生き埋めとなり、死亡するという大事故が発生した。

前夜の8日20時30分に1回目の土砂崩壊が起こり、熊ノ平駅構内軽井沢寄りの本線と2本の突っ込み線が埋没、その復旧作業中のことだった。応援を得て9日午前中には復旧する——との見通しも立ち、朝食の準備が始まった6時6分、同じ場所に約7000立方メートルの土砂崩れがあり、山津波となって宿舎5棟を押し流し、真下の国道18号まで埋めつくした。避難の余裕はまったくなく、死者50名、重傷者16名、軽傷者8名を出した。熊ノ平駅長、熊ノ平変電区長も死亡、職員家族の死亡者は12名だった。

この災害による殉難者慰霊の碑を、1年後の6月9日に熊ノ平駅下りホームの傍らに建てた。幼児を抱いた婦人のブロンズ像で、台座に「熊の平殉難碑」とある。傍らに次のような碑文を彫り込んだ碑があり、その裏面に趣旨を刻んだ銅板がはめ込まれている。

【碑文】

昭和二十五年六月九日朝この静かな碓氷の山峡《さんきょう》に山崩れが起きて作業中の職員と家族を一瞬にして埋め去りました

鉄道の安全を守って犠牲となられた五十のみたまにゆき交う人々と共に哀悼を捧《ささ》げたいと思います

日本国有鉄道総裁　加賀山之雄

この像は、当初線路の山手側にあったが、参拝者の便のため昭和43年（1968）11月

重連の電気機関車に押されて碓氷峠を上る下り特急。手前は旧線の碓氷第3橋梁（めがね橋）＝小西純一氏提供

現在地に移すとともに、霊牌が雨雪にさらされるは忍びないと、同44年11月霊堂を建てた。

霊堂前の両側には「滋賀県大宝神社国宝狛犬《こまいぬ》　分部順謹写」の狛犬一対が置かれている。

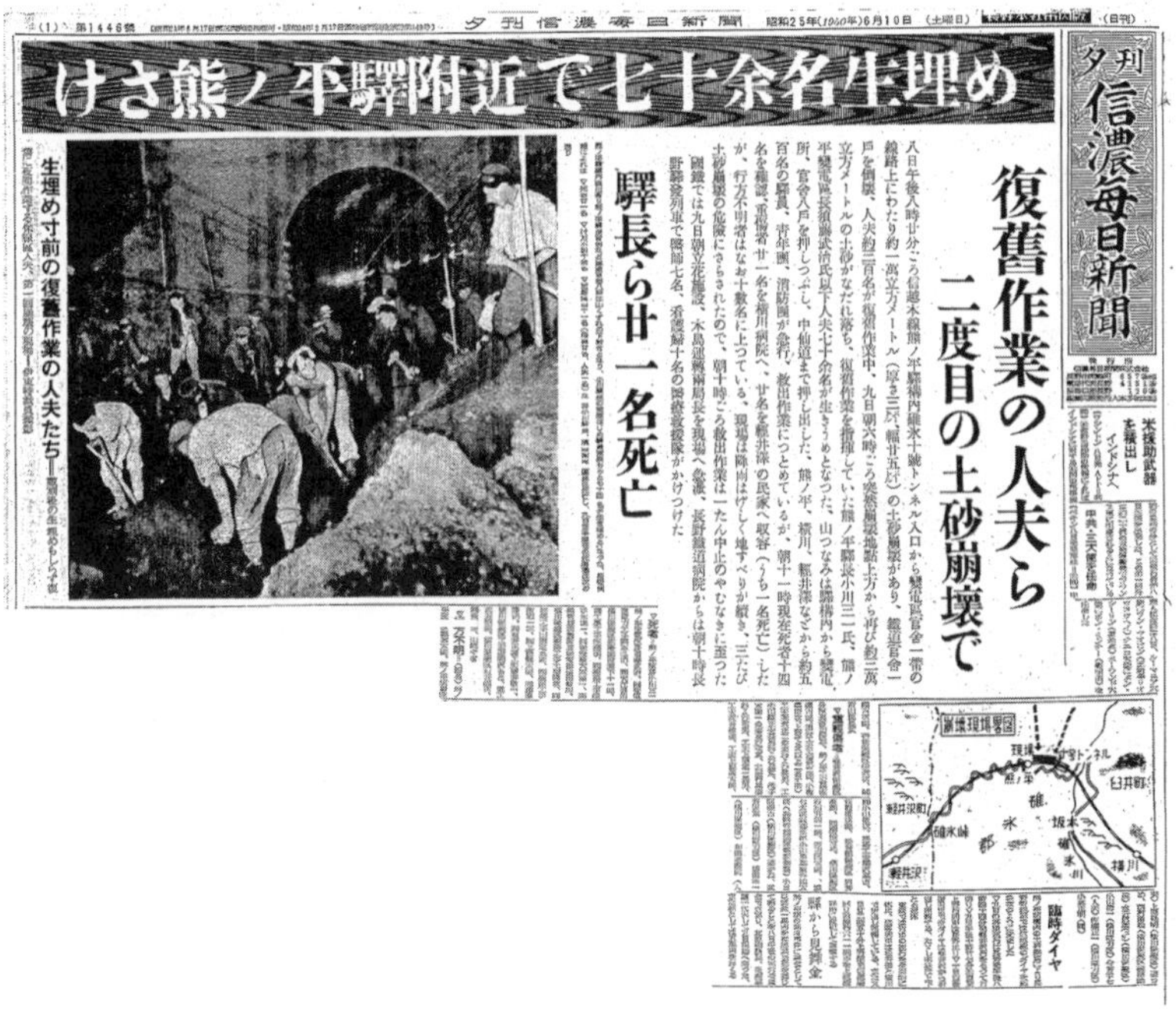

熊ノ平駅での二度目の土砂崩落事故を伝える信濃毎日新聞夕刊紙面
（昭和25年6月10日付）

熊ノ平駅

横川—軽井沢間のほぼ中間、当時の第10号と11号隧道《ずいどう》の間数百メートルの狭いところに熊ノ平駅があった。標高688・6メートル。横川—軽井沢間11・2キロのうち8・1キロが1000分の66・7という急勾配。熊ノ平はその区間中唯一の平坦《へいたん》なところである。

明治26年（1893）4月1日、横川—軽井沢間が開通した時、列車行き違いのために設けられた信号場である。蒸気機関車牽引の当時だったから、給水設備や石炭台も設けられていた。横川—熊ノ平間37分、熊ノ平で給水時間5分、熊ノ平—軽井沢間を33分で運転した。

この熊ノ平信号場が駅に昇格したのは明治39年（1906）10月1日。列車運転上欠くことのできない重要な役割を果たしていた駅だが、乗降客は極めて少なかった。山の中の小さな駅にもかかわらず、名物「力餅」を売っていた。鉄道開通後、人通りが少なくなり、商売ができなくなった峠の茶店が許可を得て売り出したものだが、竹の皮に包んだあんころ餅として有名になった。

熊ノ平駅の全景（電化後）。蒸気機関車が給水、給炭で停車した。横川寄りから俯瞰＝鉄道博物館提供

現役当時の熊ノ平駅舎＝鉄道博物館提供

急勾配でトンネルが多いこの区間は、機関車の煙は苦痛の域を越えていた。排煙幕の設備はあったものの煙害は防げず、機関士の窒息事故などが起こったこともあった。

一方では輸送力の限界から、明治42年（1909）6月、碓氷峠区間の電化を優先する方針が決定された。翌年4月に着工され、45年5月11日から電気機関車による営業運転を開始した。この時の電化工事では、架線を空中に張らず、線路脇に第3軌条を設ける形式をとった。電化した碓氷峠に登場したアプト式機関車は、国鉄最初の電気機関車である。熊ノ平に変電所があるが、これは電化後の輸送力増大に伴って昭和12年（193

旧熊ノ平駅構内（平成28年12月）。遊歩道「アプトの道」の整備で入れるようになった

7）7月16日に設けられたもので、当初は変電区といった。
戦後、この区間は再び信越線最大のネックとなり、輸送改善が急務とされた。従来のアプト路線の山側に新たなトンネルや橋を建設するなどして、昭和38年（1963）10月1日、横川—軽井沢間は新設線に切り替え。明治26年以来続いた我が国唯一のアプト式鉄道は、70年の歴史を閉じた。
この区間の完全複線化は、昭和41年（1966）7月2日。熊ノ平駅は役目を終えたことから、複線化に先立ち、同年1月31日限りで信号場に〝降格〟した。

【編集部補筆】 その後、熊ノ平信号場は北陸新幹線開業に伴う信越線横川—軽井沢間の廃線で廃止。
横川—軽井沢間のうち横川駅—旧熊ノ平駅間は、安中市が約6キロの遊歩道「アプトの道」として整備。旧丸山変電所、碓氷第3橋梁などは国の重要文化財に指定されている。遊歩道の終点が旧熊ノ平駅で、「殉難碑」のほか、次項「碓日嶺鉄道碑」も見ることができる。

碓日嶺鉄道碑

▼北佐久郡軽井沢町軽井沢（軽井沢駅前）

碓氷峠直通に至るまで

中部地方を横断し、東京と京都・大阪を結ぶ中部横断の中山道鉄道は、東海道に先んじて明治17年（1884）10月に高崎方から着工した。県内については碓氷峠トンネル区間が大工事となる関係で、資材を船で直江津に運び、明治18年7月に直江津から軽井沢に向けての鉄道工事に着手した。

これは東海道筋の人びとにとっては大問題であり、中山道鉄道の反対、東海道線の優先着手を求める猛運動を起こした。その影響と、また中山道鉄道は難工事が予想されるところが多く、経費の面、また将来の採算上その他の理由で国が方針を変え、明治19年に中山道鉄道廃案、東海道線優先着手となった。しかし、すでに直江津線は着工していたため工事続行が認められ、明治21年（1888）12月1日には軽井沢まで開通した。これより先に、高崎―横川間も開通していたものの、碓氷峠についてはルートも決まっていなかったので、軽井沢駅は仮駅舎での開業だった。

難関の碓氷峠を含む高崎―上田間については、明治7、8年の2回、イギリス人ボイルによって概測され、横川―軽井沢間の測量は明治17年3月から行った。候補路線として入山、和見峠、中尾山の3案が挙げられたものの、なかなか決定をみるに至らなかった。やがて、当時ドイツ・ヘルツ山岳鉄道で用いられていたアプト式鉄道採用の方針が決まり、再測量の結果、同24年2月、中尾山ルートに決定。同年3月着工、26年（1893）4月1日に開通した。『国鉄百年史』によれば、穿《うが》ったトンネル26、延長1万4631フィート（4459・5メートル）、橋梁18ヵ所、1471フィート（448・4メートル）。土木技術が進んでいなかった当時としては大変な難工事だった。開通まで横川―軽井沢間は馬車鉄道が連絡した。

碓日嶺鉄道碑。関東大震災で倒壊した碑を復元し、軽井沢駅前に立つ

開通記念碑を建立

待ちに待った碓氷峠開通を喜び、軽井沢町の佐藤万平、小川勇三らが中心になって、軽井沢駅頭に記念の「碓日嶺《うすい》鉄道碑」を建てた。陸軍大将山縣有朋の篆額《てんがく》、碑文は重野安繹《やすつぐ》文学博士によった。重野は鹿児島県出身で明治時代史学界の長老、のちに貴族院勅撰議員となった人である。

ところが、この碑は大正12年（1923）9月の関東大震災で倒壊してしまった。これを惜しみ、昭和12年3月、残されていた記録に基づいて同様の碑を新たに造り直して軽井沢駅前に再建したのが現在の碑である。裏面にその旨を次のように刻んである。

【裏面の文面】

碓日嶺鉄道碑ハ大正十二年九月
関東大震災ノ難ヲ蒙《こうむ》リ倒壊シ草茅ノ間ニ埋没セラレシガ幸ニ当初ノ石彫保存セルヲ知リ之ヲ撮影シホボ原形ヲ伝エテココニ再建セリ

昭和十二年三月

請負人　高崎市　塚田長吉

臨書　高崎市　平野酉造
田島光碧
刻ム

碑の表面上部に「碓日嶺鉄道碑」と篆刻《てんこく》され、右下に「陸軍大将勲一等伯爵山縣有朋」とあり、末尾には「明治二十六年四月」の日付と、「従四位勲四等文学博士重野安繹撰、従五位長莢書、広羣鶴刻」とある。碑文は極めて難解だが、建設についての経緯が詳しく述べられている。

【碑文の全訳】

碓氷峠は信濃と上野《こうずけ》の境にそびえたつ。奥羽山脈が西南に長く延び我が国の背骨をなして信濃に達している。山々が幾重《いくえ》にも重なり高山地帯となる。碓氷峠はその東の端にあって、険阻なこと全国一といえよう。明治になって鉄道の便が開け、東京から上野《こうずけ》・信濃を経て越後直江津に達する鉄道敷設を計画したが、碓氷峠のため横川―軽井沢間数里が通じない。鉄道庁ではしばしば技師を派遣して測量したが施工できなかった。明治22年になって測量の結果、入山、中尾山、和見峠の3ルートを得た。入山ルートは工費は少ない反面地勢が険しい。和見峠ルートは、地勢は緩やかだが工費が多くかかる。中尾山ルートは地勢も工費も二者の中間でしかも道のりがもっとも短い。さらに詳しくそれぞれの利害特質を比較研究した結果、中尾山ルートに決定した。横川－軽井沢間7マイル、中央に熊ノ平停車場を置くこととし、24年6月着工、翌年12月竣工した。トンネル26その長さ合わせて1万4644フィート余。マイルもフィートも英国の単位で、1マイルは14町45間余に当たる。フィートは曲尺《かねじゃく》の1尺余である。橋を架けること18、碓氷川に架けた橋が最大で、三つの橋脚を煉瓦《れんが》で積み上げ、アーチ型にして経間60フィート、橋上から川底まで高さ110フィートである。碓氷川の青い流れときりたった岩の上にかかった一筋の虹のようで、まことに偉観である。26年1月22日初めてアプト式機関車を使って試運転をした。アプトはドイツ人である。かつてドイツ国ハルツ山に鉄道を開く際、地勢急峻《きゅうしゅん》のため初めて制作したもので、今からわずか8、9年前のことであり、海外諸国でもまだ広く用いていない。工費およそ200万円。技師は本間英一郎、監督技師は吉川三次郎、渡辺信四郎で、技手の井上清介、佐藤吉三郎、林通友らが助手を務めた。我が国で険しい坂に鉄道を敷いたのはこれが最初である。思えば碓氷峠の険しさは天が造ったもので、その「天下の険」を平らな道（鉄道）にするのはまことに難儀だったが、時のおもむくところどうしても切り開かなくてはならなかった。このほど軽井沢の人、佐藤万平、小川勇二らが、その大事業を不朽に伝えようとして川上陸軍中将を介し予の許《もと》に碑文を依頼して来た。予もこの工事が全国の指標になることを喜ぶとともに、人びとに大きな恩恵を与えることを思い、引き受けた次第である。次に喜びの辞を贈る。

亡き妻を想《おも》い、はるかかなたを望んで嘆き悲しまれた古人（日本武尊《やまとたけるのみこと》）は今いずこでこの偉業をご覧になっておられることだろうか。険しい峠路に難儀されたた古事は後世に伝えられている。旅人を苦しめた険阻な地も、今は開かれて砥《と》のよ

軽井沢駅の旧駅舎（昭和57年頃）。風格のある洋風建築だったが、新幹線駅建設で取り壊された。平成12年、明治末期の姿で「記念館」として復元された

うな平らな道（レール）の上を、汽車が矢のように通う。日本武尊が夷《えびす》を征服したように、今、東国一の碓氷の難所を切り従えた。これによって、物産の開発や文化の交流は進み、百世までも続くことであろう。

倒壊した碑は何年もそのまま放置されていた。これを見かねた横川保線区長・小山五郎により、昭和29年11月、補修・復元されたのが熊ノ平駅の「碓日嶺鉄道碑」である。（次項参照）

【編集部補筆】 本碑は、軽井沢駅の西隣にある「(旧)軽井沢駅舎記念館」の左に立つ。同記念館は新幹線事業で取り壊された旧駅舎を明治43年（1910）の大改築当時の姿で再現しており、信越線碓氷峠や草軽電気鉄道の資料、碓氷峠で活躍した車両などを展示している。本碑の碑文を直接読むことは難しいが、同記念館では拡大された拓本を見ることができる。

熊ノ平の碓日嶺鉄道碑

▼群馬県安中市松井田町坂本（旧熊ノ平駅構内）

碓氷峠区間の開通を記念

信越線の碓氷峠貫通を記念して、明治26年（1893）軽井沢駅頭に建立された「碓日《うすい》嶺鉄道碑」が、大正12年（1923）の関東大震災で倒れ、砕けたまま草むらの中に長い間放置されていた。これを見た当時の横川保線区長・小山五郎（後に殉職）が、貴重な文化財でもあるこの碑が散逸するのは惜しいと、熊ノ平駅に運び、昭和29年（1954）11月3日、苦心して復元建立した。両脇を古レールで支え、欠けたところはセメントで補修してある。

傍らに次のような経緯を刻んだ副碑（アプト式開通の碑）が建てられている。

【副碑の碑文】

此の碑は、アプト線建設当時之を記念する為軽井沢に建立されたものですが、大正

旧熊ノ平駅構内に立つ碓日嶺鉄道碑。関東大震災で倒れた碑を修復した痕が残る

碓氷峠区間のトンネルには排煙幕が設けられ幕引き係「隧道番」がいた。乗客と機関士をばい煙と蒸気熱から守るための対策（明治末期）＝鉄道博物館提供

十二年九月の大震災により崩壊したまま、幾星霜を雑草の中に埋もれていました。碓氷峠及びアプトの文献が消損されてきております今日、この碑を原型に復し旅の便に供したいと思う趣旨から、再建をはかりましたが、碑文の消滅するもの甚だしく、困却いたしておりました。たまたま軽井沢町追分の油屋主人が、本碑文の原本を保管していることを知り、主人の御厚意により、之を借用し、努めて原形を損なわぬよう配慮しながらここに記念碑の再建となったものであります。

昭和二十九年十一月三日

横川保線区

復元された碑の傍らに立つ副碑

碓氷馬車鉄道

官設鉄道中山道幹線が横川まで開通した頃から碓氷峠の輸送量は急増し、荷馬車が活躍した。碓氷馬車鉄道会社（高瀬四郎社長）は馬車鉄道敷設の許可申請書を提出し、明治20年（1887）12月28日に横川－県境間の敷設が許可された。上田方面から軽井沢に向けて進められていた鉄道工事も具体化したことにより、続いて、県境－軽井沢間も翌21年5月12日に許可が下りた。

だが、沿線の荷馬車輸送業者の反対や妨害があり、加えて、発注したレールの到着が遅れたことなども重なって馬車鉄道の敷設工事は難航した。開業は、横川－県境間が明治21年9月5日だった。県境から軽井沢間の開通月日は、はっきりした記録が残されていないが、軽井沢駅開業と同じ21年12月頃だったようだ。

群馬県に提出された「横川－軽井沢間馬車鉄道調書」によれば、線路総延長174町45間5尺（約19キロ）、線路の内法幅《うちのり》1尺6寸6分（50・3センチ）、客車幅4尺4寸9分（136センチ）もしくは4尺8寸（145センチ）とある。レールの高さ4・3センチ、底幅6センチだったというから、いわばトロッコと同

馬車鉄道の碓氷停車場付近、横川に向かって坂道を下る軌道は道路の左側に敷設され、馬が引いた（明治23年頃）

程度の大きさだった。

急勾配のところが多く、区間の4分の1が25分の1（1000分の40）、それ以外の箇所も27分の1から30分の1という勾配が続いていた。その上曲線が多く、最小曲線はわずか7・2メートル、車の通行への配慮はまだなかった当時の道路に敷設したものだから、やむを得ないことだった。

明治23年（1890）頃の鉄道汽車時刻表によれば、軽井沢、横川までの列車本数に合わせて馬車鉄道も4往復の運行で、片道2時間30分を要した。車体の中央に長い板が置かれ、乗客は互いに車の外側に向かって背中合わせで5人ずつ腰かけ、馬2頭を御者ひとりで操った。運賃は、下等が40銭、中等が60銭。しかしながらこの馬車鉄道は収支償わず、明治26年（1893）4月1日、横川―軽井

国道18号沿いに立つ碓氷馬車鉄道の顕彰碑

沢間のアプト式鉄道開通と同時に姿を消した。線路など、残された資材は、高崎と渋川を結ぶ群馬馬車鉄道（明治26年9月1日開業）に売却された。碓氷馬車鉄道の創設者は全財産を失う痛手を被ったということだ。

【編集部補筆】 従来、碓氷馬車鉄道に関する史跡や痕跡はほとんどなかったが、地元有志でつくる「うすいの歴史を残す会」が平成25年（２０１３）８月、設立20周年の記念事業として顕彰碑を建てた。場所は横川駅の西約７００メートル、旧中山道と国道18号バイパスの分岐点近く。碑の表には大きな文字で「碓氷馬車鉄道　顕彰碑」とあり、裏には略年表を入れた。傍らには由来を書いた説明板、近くの細い道には「馬車鉄道の跡」の案内板もある。

大屋停車場碑

▼上田市大屋（大屋駅前）

国内初の請願駅

千曲川右岸を北国街道が東西に走り、この道から南へ諏訪街道が分かれる分岐点に大屋の集落があった。この大屋村は、明治22年（１８８９）に国分、岩下、蒼久保《あおくぼ》の各村と合併して神川《かんがわ》村となったところで、小県郡依田窪《よだくぼ》地方の玄関口であり、交通の要衝だった。昭和31年には上田市に合併した。

明治21年（１８８８）の信越線開通当初、大屋に停車場は設置されなかった。上田―田中間は８・７キロあり、その中間に当たる大屋の人び

駅舎前に立つ大屋停車場碑

国鉄時代の大屋駅（昭和57年11月）。蚕糸業を支えた歴史的意義が評価されて近代化産業遺産に認定された

とにとっては不便なこと甚だしく、停車場の設置は村民の強い要望だった。当時、県内の鉄道はこの信越線のみであったため、諏訪や伊那の人びとも和田峠を越え上田に出て汽車に乗り、岡谷の製糸工場へ運ばれる繭も上田や田中からこのルートを通っていた。だから、大屋に停車場を——という願いは、大屋近在の住民たちだけでなく、遠くは諏訪・伊那の人びとも同じだった。

明治24年（1891）12月、地元の有志による「鉄道停車場設置申請書」が鉄道庁長官に提出された。この請願書に連署したのは、地元の小県郡北8ヵ村はじめ、諏訪郡、上伊那郡、東筑摩郡、埴科郡などの広い範囲の3200余名に及んだ。地元大屋の代表が当局との折衝に当たったがなんら進展をみないので、同26年2月追請願書を作成。県議会議員数名が連署したうえ、代表者が上京、陳情した。

当局もようやくその必要性を認め、翌27年(1894)5月15日、鉄道技師・鶉尾謹親を派遣して実地調査を行った。地元では、さらに代表が上京して陳情を続ける一方、同27年の第17回長野県通常県会において、全員一致の決議をもって内務大臣に建議することとなった。これらの運動が功を奏し、明けて翌28年3月12日認可の知らせがあり、さっそく4月から用地の買収を始め、着工。明治29年(1896)1月20日、ついに営業開始の運びとなった。陳情駅の国内第1号であった。開業式はなぜか遅れて4月21日に挙行されたようだ。

地元民の悲願であった大屋駅は、このように多くの人びとの尽力によって開設されたもので、それを記念する碑を駅前に建てたいと、明治30年に出願された。

遅れた記念碑建立の許可

碑面では碑の建立を「明治33年10月」としてあるが、『大屋駅沿革史』には「明治三十五年七月三十日付鉄道局長松本荘一郎許可、同時起工、三十六年五月三日除幕式挙行」とあり、建立の年次に相違がある。許可されるものとして碑を造ったものの、なかなか許可されず遅れたとも考えられるが、詳細は明らかでない。この記念碑は、大屋駅駅長室の前に建てられている。碑面上部に大きく「大屋停車場碑」と篆字《てんじ》で彫られ、右上から、

大屋停車場碑　正三位勲二等子爵渡辺国武篆額

――とあり、駅建設に至る経緯が漢文で綴《つづ》られ、末尾に、

明治三十三年十月

従三位勲二等　浅田徳則　撰文《せんぶん》

吉田晩稼　書

――とある。

碑文は難解だが、その要旨は次のとおり。

【碑文の大要】

大屋は北国街道分岐の地で、古くは一駅になっていたが、信越鉄道創設時には、ここに停車場はできなかった。

国利を挙げるためには産業を盛んにしなくてはならないが、それには交通の便をよくすることが必要である。信濃の物産は、蚕種・生糸が主要なもので、これを業とする者が多い。

鉄道が通じた恩恵は大きいが、停車場が設けられなければその便に欠ける。大屋は周辺の要衝で、諏訪・伊那・松本・埴科・高井諸方面の人びとが東西に赴くに必ずここに出るところなのに、停車場が設置されないのは官で地勢をつまびらかにしていないから、と陳情した。幸い、官でこれを受け入れ停車場を設けることになり、迂回《うかい》の苦しみを免れ、商業の旅、物資の輸送の便が良くなり、蚕種・製糸の業も盛んとなる。

3000余人連署の陳情、県会議決、内務省への建議。また道路・橋梁の改修も決し、大屋へは便利になる。鉄道庁では吏員を派遣して現地調査、着工、明治29年4月21日開業式を行った。人びとの喜びはことのほか大きい。碑文を請われたことを喜び経緯を叙し詞《ことば》を贈る。

碑の裏と側面、台石には、寄付者氏名と金額が刻まれている。

【編集部補筆】 大屋駅は平成9年（1997）10月から、しなの鉄道しなの鉄道線の駅。かつては貨物列車用の中線や待避線もあったが撤去され、ホーム2面に2線のシンプルな構造になった。駅は、生糸輸送に関わる歴史的意義が評価され、平成19年（2007）には信州大学繊維学部講堂などと共に、経済産業省の近代化産業遺産に認定された。

丸子鉄道

信越線は、長野県内に初めて開通した鉄道である。地元の人たちだけでなく、諏訪や伊那の人びとも和田峠を歩いて越え、上田から乗車するなど、この線を利用した。その後、峠を下ったところに駅がないのは何としても不便だと、陳情した結果設けられたのが大屋駅で、陳情駅の国内第1号である。

当時、岡谷・諏訪地方では製糸業が盛んであったが、到着する原料繭は大屋駅に下ろされ、荷車や馬車で丸子を経て和田峠を越えて運ばれた。また、製品の生糸は逆に和田峠を越えて、大屋駅から横浜などへ送り出されていた。その現状に着目した丸子の人たちは、諏訪地方より立地条件に恵まれている――と製糸工場の設立を検討した。こうして「依田社」が発足し、以来丸子町は製糸業の地となった。思惑どおりの発展をみたことから、大正5年（1916）9月17日に丸子鉄道株式会社が設立され、同7年11月21日、丸子町－大屋間で営業を開始した。

当初は蒸気機関車が牽引しての運行であったが、営業成績はなかなか好調で、大正13年（1924）3月に電化された。

丸子町駅構内を走る上田丸子鉄道の電車（昭和34年3月）＝羽片日出夫氏提供

この丸子鉄道が乗り入れた大屋駅は、信越線内でも主要な駅として位置づけられるようになった。地域経済の発展とともに、丸子鉄道はこの地方の中心地である上田の市街との結びつきを考慮して、大屋から上田までの延長を計画、大正14年8月1日に上田東へ乗り入れた。

だが、順調な経営は長くは続かなかった。糸価の暴落や自動車の進出に加えて、第2次大戦の影響を受けて経営は苦しくなった。昭和18年（1943）10月、当時の上田電鉄との強制合併によって、上田丸子電鉄丸子線となったものの、起死回生の策とはならなかった。昭和44年（1969）4月19日「さよなら電車」の運転を最後に、半世紀にわたった丸子鉄道の歴史の幕は閉じられた。

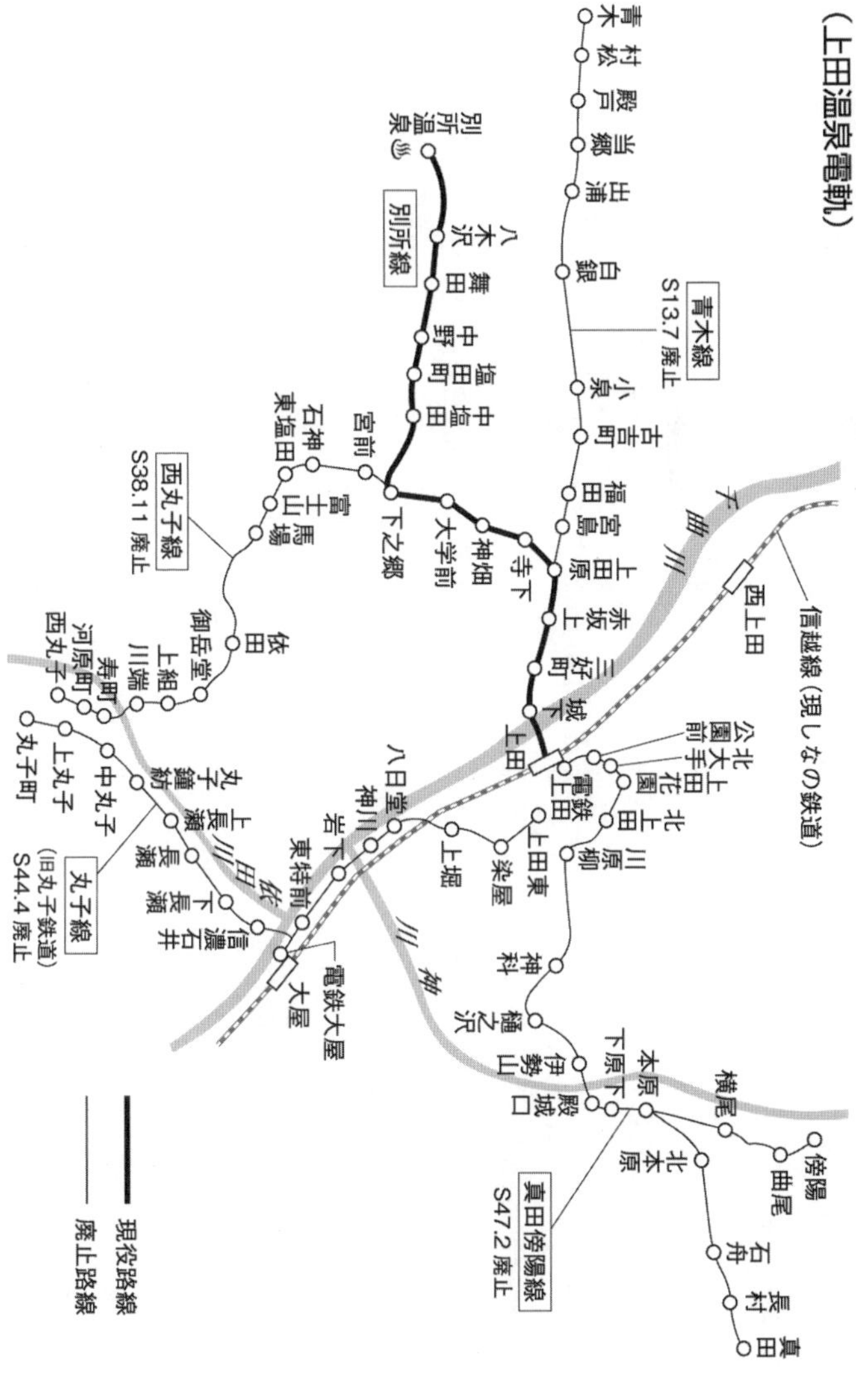
上田交通・上田丸子電鉄の路線網
（上田温泉電軌）
青木線
S13.7 廃止
別所線
西丸子線
S38.11 廃止
丸子線
（旧丸子鉄道）
S44.4 廃止
真田傍陽線
S47.2 廃止
信越線（現しなの鉄道）
千曲川
依田川
神川
別所温泉
八木沢
舞田
中野
塩田町
中塩田
宮前
石神
東塩田
富士山
馬場
依田
御岳堂
上組
川端
寿町
西丸子
下之郷
大学前
神畑
寺下
上田原
赤坂上
三好町
城下
上田
西上田
青木
村松
殿戸
当郷
出浦
小泉
丸子町
上丸子
中丸子
丸子鐘紡
上長瀬
長瀬
下長瀬
信濃石井
電鉄大屋
大屋
東特前
岩下
神川
八日堂
上堀
染屋
上田東
電鉄上田
公園前
北大手
上田花園
北上田
川原柳
神科
樋之沢
伊勢山
下原
殿城口
本原
北本原
石舟
長村
真田
横尾
曲尾
傍陽
現役路線
廃止路線

篠ノ井駅前都市計画街路竣工記念碑

▼長野市篠ノ井布施高田（篠ノ井駅前）

篠ノ井駅前都市計画街路竣工記念碑（左手前）。現在は長野冬季五輪開閉会式会場の記念碑と並んでいる

急速に発展——広い駅前に

信越線建設当時、この地域の中心は現在の駅から南へ2キロ、北国街道と善光寺街道の追分に当たる旧篠ノ井の地だった。信越線の停車場もこの地に——との期待があったが、千曲川に近いため水害の危険もあるとの理由で、布施村高田に決定した。その頃、この辺りには二十数戸の民家が点在しているにすぎない寒村で、駅から北国街道に向けて雑草の中に幅2尺（約60センチ）の細い道が設けられたものだが、やがて駅前に運送会社ができ、駅前集落へと発展し

ていった。明治33年（1900）11月、篠ノ井線・篠ノ井―西条間が開通した頃には駅前に商店が軒を連ねるようになった。

大正3年（1914）に町制を敷いて篠ノ井町となり、昭和34年（1959）には篠ノ井市と急速に発展したが、駅前周辺は旧態依然で狭隘《きょうあい》。駅前に広場らしいゆとりもないようなありさまだった。その拡張整備が強く望まれていたものの、「駅前通り都市計画街路事業」の計画が立てられたのは同37年3月だった。同41年（1966）には長野市に吸収合併。56年に至って、ようやく駅前広場から駅前街路の拡張整備が行われ、駅舎も増改築、面目を一新した。拡張した広場面積4000平方メートル、整備された道路延長260メートルに及んだ。計画以来19年を要したこの事業の竣工は昭和56年3月。総工費8億6000万円を要した。

駅前広場には、1駅1名物として近くの茶臼山恐竜公園にちなんで巨大な恐竜2頭の像が置かれるなど、ゆとりの広場となった。ロータリー中央の緑地帯に「篠ノ井駅前通り都市計画街路事業竣工記念碑」が建てられている。書は、当時の吉村午良《ごろう》長野県知事の手による。

広大な貨物の操車場があった篠ノ井駅構内（昭和50年代後半）

新幹線建設等に関連して進められた平成の周辺整備完成の記念碑

【編集部補筆】 篠ノ井駅は、北陸新幹線が現地を陸上で通過するため、ＪＲと長野市によって平成7年（１９９５）９月、在来線のホーム・線路と新幹線を駅舎がまたぐ「橋上駅」となった。さらに、県・市によって▽西口に通じる自由通路▽ロータリーのある西口駅前広場▽東口駅前の電線地中化――など、周辺整備がさらに進んだ。駅前にあった恐竜像は撤去された。

東口駅前には、昭和56年の街路竣工記念碑と並び、「駅前通り駅前広場街並研究会」による平成７年周辺整備事業の記念碑、さらに平成10年長野冬季オリンピックの開閉会式会場の最寄り駅となったことを示す碑などがある。

空襲殉難者慰霊碑

▼長野市西和田（ＪＲ長野総合車両センター内）

終戦直前の長野空襲

太平洋戦争の劣勢が、誰の目にもはっきりしてきた昭和19年（１９４４）、軍は本土決戦を本気に考え、松代に地下大本営の建設を始めた。長野県は山岳地帯であることから、乱気流が空襲を避けるには良い条件のところ——という神話めいた話もあって、陸軍糧《りょう》秣廠《まつしょう》、海軍工廠《こうしょう》、軍需工廠などの疎開もあった。

その長野県の拠点・長野市が、終戦直前の昭和20年（１９４５）８月13日、アメリカ艦載機による空襲を受けた。朝６時50分頃からグラマンＦ６Ｆ10余機の編隊が市南部を中心に攻撃したのを皮切りに、２回目が９時10分頃、正午少し過ぎに第３波、13時半頃第４波、16時頃第５波と執拗《しつよう》な攻撃が続いた。

標的は大豆島《まめじま》にあった長野飛行場や国鉄の機関区・工場などだった。これらのうち、午後、ロケット弾の攻撃を受けた機関区では、なすすべもなく形ばかりの防空壕《ごう》に避難。一

空襲を受けた国鉄長野機関区。5回にわたる爆弾投下でほとんどを破壊され、焼失した。矢印が爆弾落下地点（昭和20年8月13日）＝「写真でつづる長野鉄道管理局の歩み」より

段落したものと壕から出たところへ機銃掃射を浴びた。機関区の後ろには道路を挟んで石炭殻置き場があり、そこに高射機関銃の台座を設けてあって、守備隊の兵が射撃したが、それも蟷螂《とうろう》の斧《おの》。反転して襲う機銃掃射で犠牲になるのみだった。

報道は統制されていた

この空襲で機関区は、炭水手・合図手詰所および車庫の一部を除いてすべて破壊焼失。犠牲者は死亡8名、重軽傷者50余名に及んだ。

当時は報道が統制されており、その時の発表は「本日、長野市及び近

隣市町村の一部は敵艦上機の小編成をもって波状攻撃を受け、関係地区に火災数カ所発生せるが、17時現在その大部分を鎮火せしめたり。人命の被害は僅少《きんしょう》にして、民防空の面目を遺憾なく発揮したり……」というものだった。新聞紙上では、「……気力体力ともに尽き職場で壮烈な殉職をとげた者は○名にのぼり、負傷した者は○名を算へ、戦闘転移以来、長野管理部管内最初の名誉ある戦死者負傷者を出した」と報じた。死傷者の数などの報道は許されなかった。

戦死者慰霊碑の建立

戦後久しくして、この犠牲者慰霊の碑が長野機関区前庭に建てられることになった。昭和29年起工、機関区全員の労力奉仕によって翌30年（1955）5月完成した。自然石にはめ込まれた銅版の書は善光寺智栄上人の筆によるものである。

昭和二十年八月十三日

此處に散華した

八英霊のために

善光寺上人
玉誉　書

――とあり、碑の裏面には次のように戦死者名を刻んだ銅版がはめ込んである。

殉難の人々

村田　正恵　二一
宮尾　　茂　三八
小林　嘉三　四三
徳武　良平　三八
山口　義彦　一九
塚田　文保　一七
中村　　登　一七
岡田勝太郎　三二

昭和三十年
五月供養

この碑の斜め後ろに、昭和33年（1958）8月、十河《そごう》国鉄総裁の筆になる碑が建てられた。その碑には、

この区に殉じた
人々のために
日本国有鉄道総裁
十河信二

——とある。

碑が建てられた所は、機関区投炭場の近くの食堂と油庫の間。周囲をブロックで囲み、碑の前には池を掘り、灯籠《とうろう》が飾られた。その灯籠は検修掛《がかり》有志が制作した鉄製の立派なもので、機関車の小煙管を利用して木の枝状につくった支柱に吊るした。

長野機関区は昭和41年（1966）7月、長野運転所として北長野に移転、機関区跡地は国鉄ハウジングセンターになった。近くには機関庫の丸い建物があって、わずかに機関区所在地の名残をとどめていたが、いまではそれらはすべて撤去された。碑の傍らに飾ら

長野駅の東側に広がっていた旧国鉄長野工場跡。新幹線駅の用地などに充てられた。左後方は仏閣型の旧駅舎（昭和49年12月）

空襲殉難者慰霊碑（左）。旧機関区から移され、現在は長野総合車両センター構内にある。右は十河国鉄総裁による碑

れた灯籠も現在はその支柱が残っているのみ。池の水も枯れ、荒れはてている。戦争の傷跡を示すこの慰霊碑の存在も忘れ去られているようで、もの悲しい。当時を知る長野機関区ＳＬ・ＯＢ会の人たちが、毎年８月にお参りを続けているという。

【編集部補筆】 長野運転所はその後、北長野運転所への改称、長野総合車両所への統合・改称などを経て、平成16年（２００４）６月「長野総合車両センター」となった。この慰霊碑は、北長野運転所当時の平成２年（１９９０）８月、敷地内に移設された。敷地に沿って通る市道から、碑の存在は確認できる。

長野市鶴賀の機関区跡地を含む東口一帯は、平成９年開業の北陸新幹線建設や翌年の長野冬季オリンピックなどを経て再開発され、現在は専門学校やホテルなどが立つ。

信越線工事犠牲者供養塔

▼長野市中御所（長野駅南）

東海道線より早く着工

長野県内で最初に通じた鉄道は直江津線（のちの信越線）だった。東京―京都を結ぶ鉄道として、中山道鉄道を敷設することになり、明治17年（1884）にまず高崎から、また翌18年には直江津から軽井沢へ向けての工事を起こした。その中山道鉄道は、静岡県側の反対運動などもあって、東海道線優先に変更されて廃案になったが、すでに着工していた直江津からの工事は続行が認められ、長野県は比較的早く鉄道の恩恵に浴することができたのだった。

工事とコレラ――犠牲者の供養塔建立

現在のような土木機械もない当時のこと、長野・新潟県境の山岳地帯を通る直江津線の工事は、常に危険にさらされる難工事で犠牲となる人も多かった。特に不幸だったのはコ

信越線工事犠牲者供養塔。近くの長野保線区から、長野駅構内を望む場所に再移設された

レラの大流行と重なったことだった。

明治19年（1886）8月、内務省告示第22号で、コレラ流行地として1道9県が指定されたが、その中に長野県も入っていた。コレラが我が国に入って来たのは、鎖国政策が解かれてからだった。当初は港周辺に限られていたものが、鉄道が通じると、患者も短時日のうちに移動することになり、蔓延《まんえん》する速度が増した。近代化の推進力である港と鉄道が、伝染の仲立ちをする結果になったのである。

コレラの流行で、直江津線の鉄道工事は大きな支障を来した。明治20年度の鉄道局年報に「関山浅野間悪疫流行ノ惨禍ニ罹《かか》リ、工夫概ネ離散シ数カ月間殆《ほとん》ド工事ヲ廃停スルノ不幸ニ遭遇セリ」とある。

コレラに倒れた者は数えきれないほどだったといい、これに侵されなかった者も浮き足立ったに違いない。工事関係者が鎮静化を願ってであろう、完成前の明治20年9月、犠牲者の霊を慰める供養塔を善光寺境内に建てた。その塔には、時の善光寺大勧進・寂順大僧正が書いた撰文が刻まれている。碑文は難解だがその大要は次のとおり。

【碑文の大要】

供養塔碑

鉄道建設は我が国富強の基、信越県境にも鉄道工事が始められたが、崖をくずし山を掘り抜く人夫たちが危険におかされ、重傷者圧死者数十人、そのうえ去年はコレラのため倒れた者幾百人、悲しいことだ。工夫の使用人たちが、仏都の善光寺の地に碑を建て冥福を祈るという。善光寺大勧進住職を兼ねているが、この偉大な仕事をうれしく思い、深い因縁のしるしに事のあらましを書いた。さらに犠牲者の霊に次の詞《ことば》を捧《ささ》げる。

人生というものは霜や露のようにはかない。しかし仏の御光はどんなものも等しく照らし、見捨てることなく、温かに包んでくれる。その御仏《みほとけ》の光に抱かれて祈りを続けるならば、大願を乗せた船が流れにしたがって彼岸《ひがん》に到達するように、亡くなった

人の霊も蓮華《れんげ》の花となって美しくその命が咲き還《かえ》るであろう
明治20年9月到彼岸日

妙法院門跡兼善光寺大勧進大僧正寂順撰弁書

供養塔廃棄の危機に

この供養塔も、建立後長い年月を経て忘れ去られ傾いていたが、昭和41年頃からの善光寺の計画で、その近くに忠霊殿を建てることになり、一帯の塔や碑を移転するように――との掲示が出された。筆者が長野鉄道管理局旅客課長在職当時のことである。

ある初夏の日曜日、ふと思い立っていずれこの塔も他の地に移されることになろうが、この地にあるうちに写真に収めておこうと、善光寺へ出向いた。ところが、善光寺本堂裏手ではすでに工事が始まっており、辺りの塔や碑は倒され、ダンプカーで取り片付けの最中だった。目当ての供養塔も倒されていた。

驚いて事務局に問い合わせると「引き取り手のない塔や石碑はすべて撤去せざるを得ない」とのこと。犠牲者の尊い供養塔、かけがえのない文化財でもあるこの塔を瓦礫《がれき》のように処分されてはたまらない――と、工事責任者にしばらく取り片付けの猶予をお願いした。

善光寺忠霊殿建設のために撤去され、片付けられようとしていた供養塔

国鉄長野保線区前に移された当時の供養塔（昭和53年）

翌日、鉄道管理局の部長会議に、その保存について提案した。協議の結果は「国鉄の財産でないものの移転に国鉄経費を出すことはできない。だが失うことは惜しいので、寄付を募って対処しよう」ということになり、国鉄職員を中心に、鉄道友の会その他有志の方々にお願いした。予定の金額も集まり、長野保線区の前庭に移転、昭和43年9月彼岸、善光寺大勧進都筑大僧正にお願いし、移転供養を行った。

その塔は、通過する電車の窓からも見える。今なお、長野保線区の職員などが、ときおり花を手向けるなどして見守っている。もしもあの日あの時、写真の撮影に行かなかったならばどんなことになっただろうか。まさに危機一髪。仏の因縁といったことを感じた。

【編集部補筆】 本供養塔はその後、平成9年（1997）さらに移設された。長野駅南側の構内を渡る中御所跨線橋（人道橋）の西側階段下にある。

虎列拉《コレラ》病死者供養塔

▼長野市豊野町浅野
（しなの鉄道北しなの線・豊野―牟礼間）

ルートが変わった直江津線

直江津線（のちの信越線）建設の計画が立てられた時には、新潟県の新井から飯山を経て浅野地区を通り長野市柳原へのルートが考えられた。明治18年（1885）8月1日の信濃毎日新聞によると「直江津―高橋―水沢―大滝―飯山対岸―浅野―長沼―大豆島《まめじま》―松代―屋代―上田のコースを予定し現在の豊野駅は浅野に設置」の案だった。

ところが飯山方面の人びとや停車場設置予定地の人たちが、耕地がつぶれる、機関車の煤煙《ばいえん》で桑が育たず蚕が飼えなくなる、振動で家屋損壊の心配がある、宿場が衰える、町が寂れる――といった理由を挙げ猛反対をした。そのため、やむを得ず現路線に変更し、比較的反対が少なかった人家皆無の湿地帯を埋め立てて豊野駅を造ることとした。

土工の乱暴とコレラの蔓延

鉄道工事が始まった当時のことについて、『豊野町誌』には「鉄道建設の工事が始まると、多くの土工が入り込んで来たが、彼等の多くは性獰猛《どうもう》であり好んで乱暴を働いたので、婦女子の被害も非常に多く村民のひんしゅくを買うことも多かった。又明治十八年（筆者注・19年の誤りか）頃是等の土工中にコレラ病が発生し、これに端を発して村内にまで蔓《まん》延《えん》し、死者を多数出した……」とある。このような事情で、鉄道工事そのものに対しても恨みの声が巷《ちまた》に溢れ、大きな支障になった。

虎列拉病死者供養塔。旧信越線を望む丘の斜面に立つ＝坂爪農園提供

豊野付近の直江津線の鉄道工事請負者は吉田組だった。吉田組は鉄道工事で身を起こした明治時代有数の請負業者である。請けた区域は浅野・川谷付近だったが、その工事中、吉田組も多くのコレ

ラによる犠牲者を出した。

流行の経緯は、当時の長野県の記録によると「明治十九年（一八八六）七月二十五日鉄道工夫の富山県有芳村の者が郷里で感染、上水内郡小玉村に来て発病、その汚物を屋外の小川に捨てたり洗浄したりしたため下流に伝染した」とあるが、単にそのルートのみではなかっただろう。当時は、新潟県中頸城《なかくびき》郡に発病者が現れたのが導火線となって鉄道工事現場に広がった……などと、いろいろ取り沙汰されたようだ。土工の飯場はコレラが蔓延しやすい悪環境だったため、その工事作業現場が次々と侵されていき、周辺の村々にも蔓延した。鉄道工夫がコレラを運んで来た――と恨まれ、憎悪の感情を持たれたのも無理のないことだった。

当時、長野地方で消費される塩や魚の類いは直江津から入ってきた。県では予防のため、その年8月7日長野県知事名で次のような指令を出した。

県令甲第一号

新潟県下直江津地方虎列拉《コレラ》病蔓延ニ付生魚ハ勿論塩肴ト雖《いえど》モ虎列拉病毒ヲ含ミ居ル乎モ難測危険ノ虞アルニ付当分ノ内直江津近海ヨリ輸出シ来ル魚類ハ総テ売買スルコト

冬の豊野駅ホーム。ＥＦ62電気機関車牽引の信越線列車と、飯山線のＣ56蒸気機関車牽引の貨物列車が並ぶ（昭和46年３月）＝小西純一氏提供

ヲ禁ズ

だが患者は増える一方。鉄道作業員でコレラに倒れた者は数えきれないほどだった。

吉田組が供養塔を建立

そのため吉田組は、長野の善光寺境内にいち早く建てられた「信越線工事犠牲者供養塔」に次いで犠牲者の碑を建てた。その場所は、豊野駅を出た下り信越線が、並行の飯山線と分かれる少し手前左側の丘……といってもあまり高くないその中腹に、線路を望むように建てられている。頭部が少し欠けた1メートルほどの碑で、正面に「乕列拉《コレラ》病死者供養塔」とあり、右側面に「明治十九年中死亡　二十三年四月吉田組建立」、裏面には吉田組工夫死亡者人名として、宮本房太郎ら14名の氏名が刻まれている。その中に、「北村松之助・妻シゲ」の名も見える。どこの人でどのような人だったのか、痛ましいことである。
これより少し遅れて、明治33年（1900）には、豊野から少し先の難所・新潟県下大田切に「大田切工事碑」が建てられた。その供養塔には79名の犠牲者名が刻まれている。また長野保線区前の信越線工事犠牲者供養塔の撰文《せんぶん》には、「工事犠牲者数百人」とある。工事の犠牲になりながら名もとどめず埋もれた人も多かったであろう、悲しい残酷な時代だった。

【編集部補筆】 本供養塔は現在も、線路西側に並行する市道沿いの土手のり面にあり、長野市教育委員会による説明板もある。飯山線・信濃浅野駅の南西約650メートルにあり、豊野駅よりは近いが、ササの群生等で荒れており、覆われてしまうと見つけるのが難しい。

コレラの猛威

明治12年（1879）と同19年（1886）には、コレラが全国的に大流行した。同13年1月14日付の東京日日新聞（毎日新聞の前身）によると、12年の発病者は、前年12月27日現在、患者総数16万8314人、うち死亡者10万1364人とある。患者の6割以上が死亡したのだから、当時の人びとがいかにコレラを恐れたか想像できる。

そのためコレラ除《よ》けの踊りと百万遍念仏が流行した。また、コレラ除け祈願のために体じゅうに泥を塗って練り歩いたり、さらには「虎列刺《これら》送」と大書した紙旗と藁《わら》人形を担ぎ、笛・太鼓・法螺《ほら》の鳴り物入りで、油缶をガラガラと引っぱって村境に押し出して、「コレラ送れ、隣村へ送れ」とはやし立てる「コレラ送り」も真剣に行われた。はやし負けた方がコレラを背負いこむと声を限りに叫び合い、しまいには大喧嘩《げんか》になったというばかげた話もあった。

予防の方法もわからず、発病者は隔離され、患者の家の門口に「コレラ疑似症」の貼り紙をして交通遮断をした。そのため発病しても隠し続けることが多かったため、明治27年には廃止されたという。人権など全く無視された時代であった。

明治19年の大流行の時、内務省告示第22号で1道9県がコレラ流行地とされたが、その中に長野県も入っていた。県内で最も流行した地域は北信地方だった。この頃ちょうど、中山道鉄道直江津線（のちの信越線）の工事が真っ最中だった。新潟県中頸城郡に発病者があったのが導火線となって、鉄道飯場に広がったとか、富山県から来た鉄道作業員が最初などいろいろと取り沙汰され、鉄道は恨まれたものだった。

鉄道工事作業現場の宿舎がコレラの蔓延しやすい悪環境だったことから発病者も多く、浮き足立つ工事関係者を慰留するのに苦慮したであろう。同線が開通する前の明治20年、コレラの犠牲者供養の碑がいち早く、善光寺境内に建てられた。鉄道工事関係者のコレラ犠牲者供養関係の碑は、信越線沿線には4基建てられている。

藤沼富吉寿碑

▼上水内郡信濃町富濃
（しなの鉄道北しなの線・牟礼―古間間）

斑尾川の鉄橋架け替えに尽力

柏原（現黒姫）を出た上り信越線は東南に向かい、大古間《おおふるま》のはずれから鳥居川に沿い、旧小古間集落の東を離れて南下し、戸草トンネルに入る。

戸草集落に立つ藤沼富吉寿碑。近くを旧信越線が通る

この辺り、諏訪ノ原、船岳、戸草の各地区は、水害に見舞われることが多かった。斑尾川《まだらお》に架けられた鉄橋の付近が狭隘《きょうあい》なため、増水すると水は築堤に遮られて流れ出し、諏訪ノ原、船岳の田園地帯は水浸しとなり、さらにその水は、信越線の戸草トンネルを通って、戸草地区に

まで被害を及ぼすこともあった。
その復旧と再発防止のため、斑尾川の川幅を広げ鉄橋を架け替える大工事が行われた。これに付帯して堤防の築造整備も行われ、以後災害が起こることはなくなった。
この工事の請負業者は丸有組で、地元の人の話によると総監督者が鉄道当局から派遣されたであろう藤沼富吉だったということだ。工事の完成を喜び、明治38年（１９０５）５月、その完遂に挺身《ていしん》（編集部注＝自ら進んで身を投げ出し、困難な物事にあたること）した監督者・藤沼富吉をたたえる碑を建立した。碑面上部に「丸有組」とあり、次のように経緯が刻まれ、側面には当時の村長・清水重右衛門、助役・山縣傅長郎の名を刻んである。

【碑の全文】

藤沼富吉君壽碑
信越鉄道線之布設也船嶽諏訪原戸草之三部落常被水害極惨状乃請於官變換斑尾川線而
新架鉄橋藤沼富吉君實受官命董其工事君資性豁如志存乎汎愛更深慮将来與関係人民議
投私財以築造堤防矣於是乎水害全除後昆亦應永頼其恵也依相謀樹碑勒其梗概以垂君功
於不朽云

古間駅側から見た新旧の戸草トンネル（底本刊行当時）。馬蹄形の旧トンネル（右側）は鉄道開通時のもの。現在は舗装され、戸草集落への近道となっている

古間駅を出発、薬師岳を背に戸草トンネル（旧）に向かうD51牽引の上り急行「白山」。この区間の電化は昭和41年（昭和38年7月）＝小西純一氏提供

長野県師範学校教諭芳賀剛太郎書

碑が建立された当時、古間駅はまだなかった。また、戸草トンネルも現在のものは昭和41年（１９６６）直江津―長野間電化の時に掘られた新トンネルで、鉄道開通時の古いトンネルは、日本人の手で造った大津―京都間の逢坂山《おうさかやま》トンネルと同じ馬蹄《ばてい》形。当時官設鉄道が採用した基本的な形で、逢坂山トンネルと並んで由緒あるものだった。

【編集部補筆】古間駅は、大正２年（１９１３）10月に開設された古間信号所が前身。昭和３年（１９２８）12月に旅客を扱う駅となった。旧来の交換設備は廃止されて単線駅となり、平成27年（２０１５）３月からしなの鉄道北しなの線の駅。旧戸草トンネルは現在、車も通れる（幅は１台分）道として使われており、本碑はトンネルを抜けたところにある戸草公会堂の前に立っている。

黒姫高原開発の碑

▼上水内郡信濃町黒姫高原
（黒姫高原スノーパーク内）

観光開発に尽くした長鉄局長を顕彰

黒姫スキー場の一角に建てられている黒姫高原開発の碑は、単なる開発の記念碑ではなく、故小泉卓雄・元長野鉄道管理局長顕彰の碑である。黒姫高原がスキー場として観光地として注目を浴びるようになった昭和47年（1972）、地元総代の提言によって「小泉卓雄を顕彰する記念碑」建設が実現したもので、町長が委員長となり関係者一丸となって推進、その年12月15日建立した。

碑表面に「黒姫高原開発の碑　長野県知事西沢権一郎書」とあり、裏面には、建立の経緯を綴《つづ》った次の撰文と関係団体名などを刻んだ銅板がはめ込まれている。

【碑文】

昭和四十年十二月柏原スキー場開きに来場した長野鉄道管理局長小泉卓雄氏は黒姫

牧場を視察して、牧場を基地とし、国有林を利用するスキー場建設を提言し、翌日から長鉄局職員にスキー場の調査研究を命ずると共に、自ら長野営林局長伊藤清三氏、県企業局長相沢武雄氏に国有林の使用と国道より牧場に通ずる道路の建設を依頼し、国鉄副総裁磯崎叡氏、日本交通公社社長西尾寿男氏等と極めて精力的な交渉を続けて、日本交通公社、信濃町、長野市、長野電鉄を株主とする黒姫観光株式会社を設立し、スキー場経営の主体を作った。

暫《しばら》くしてスキー場建設着想後満一ヶ年の昭和四十一年十二月国設黒姫スキー場が開場され、黒姫高原開発の端緒となった。

私共地元町民は祖先以来雪に苦しみ、冬を恨んで生きてきたが雪を利用する宿願の事業を実現して下さった小泉氏を始め開発事業を援助し協力して下さった多くの方々に対して衷心より敬意と謝意を捧げ、其の期待に応えたい。

昭和四十七年十二月

松木重一郎書

この下段に、

昭和四十七年十二月　建之
信濃町
黒姫観光開発株式会社
山桑常会
信濃町スキークラブ
上信越観光開発株式会社
株式会社ライジングサン
柏原観光協会
野尻湖観光協会
信濃町観光開発株式会社
野尻湖農業協同組合
信濃町商工会
黒姫高原旅館有志
柏原農業協同組合

黒姫高原開発の碑。黒姫高原スノーパークの一角に立つ。ゲレンデは夏は花が楽しめるレジャースポットになっている

黒姫山麓の高原や妙高山を背に走る重連D51牽引の上り急行「白山」（昭和39年4月）＝小西純一氏提供

——とある。

撰文のとおり、黒姫高原スキー場は、小泉局長が提言し推進力となって開発した。国鉄が地域の観光開発に直接取り組むことなど考えられなかった当時のこと、この碑は鉄道碑としては無類のものともいえよう。

黒姫高原開発当時のこと

昭和40年（1965）12月、信濃町柏原スキー場開きに招かれて出席した小泉局長は、町長の案内によりその足で黒姫牧場の現地を訪れ「ここに大スキー場を建設すべきだ。今日の日を黒姫スキー場開きの日にしたいものだ」と提言。町長

冬の黒姫駅（昭和46年3月）。観光開発による発展を狙い、この3年前に「柏原」から改称された＝小西純一氏提供

の同意を得ると、その場で筆者（当時長鉄局旅客課長補佐）に黒姫高原開発の企画案作成を命じた。

急遽《きゅうきょ》まとめた企画案は30ページの小冊子。年が改まると同時に、局長はその案を携えて関係箇所を回り、精力的に交渉した。それは容易なことではなかったが、特に難渋したのは国鉄内部の説得であった。部外関係箇所からは賛成を得、励ましもあるというのに、真っ先に賛成を得られるものと期待していた本社は「国鉄の本来の業務ではない」ということでストップをかけた。獅子《しし》身《しん》中《ちゅう》の虫に局長のショックは大きく、その時の意気消沈の姿は痛々しかった。だが、持ち前の性格、それにひるむことなく個別撃破でついには承認を得た。

小泉局長は現地指導にも何回となく足を運んだ。

その熱心さに担当部課の職員は言うに及ばず、長鉄山岳連盟の有志もこれに加わり労力奉仕。その年（昭和41年）12月末完成にこぎつけた。小泉局長は、聖高原開発にも、乗鞍高原開発にも直接に携わり、任期中管内各地をくまなく回り、観光開発についての自説を説いた。沿線各地が開発されれば、鉄道自身も潤う。国鉄の在るべき姿として、今のＪＲのようなことを考えていたと思われる。長鉄局長から本社厚生局長に転じ、間もなく退職。その後も観光開発面での活躍が期待されたのに、急逝されてしまった。

【編集部補筆】 黒姫高原スキー場は、平成13年（２００１）冬シーズンから「黒姫高原スノーパーク」に改称。黒姫駅は昭和43年（１９６８）10月に駅名を「柏原」から改称。平成27年（２０１５）３月からしなの鉄道北しなの線の駅。

大田切工事碑

▼新潟県妙高市坂口新田（えちごトキめき鉄道・関山─妙高高原間）

田切地形を大築堤で克服

信越線・関山─妙高高原（旧田口）間の大田切築堤工事は、直江津─軽井沢間の鉄道建設工事の中で、最大かつ最も困難な工事だった。

妙高山麓の深い谷、大田切川の谷底に隧道《ずいどう》状の溝渠《こうきょ》（編集部注＝給排水のために掘った溝）を設けて川を通し、その上に33メートルの高さに土盛りをして、その全長80メートルの築堤とし、その上に線路を敷いた。明治19年（1886）3月着工、翌20年12月14日にようやく試運転にこぎつけたが、その間、同19年夏頃にはコレ

築堤近くの線路沿いに立つ大田切工事碑（国鉄時代の昭和60年10月撮影）＝小西純一氏提供

ラの大流行で作業員中63人の犠牲者を出した。また、築堤の崩落事故などで16人が犠牲になった。

この工事を請け負った鹿島組が、その人びとの霊を慰めるため建てた碑が「大田切工事碑」である。題額は鉄道局直江津出張所長・松本荘一郎で、大要次のような碑文とともに犠牲者の名前が刻まれている。

【碑文の大要】

明治19年信越の鉄道工事が起こるに及び、同年3月か

完成した大田切築堤。試運転列車が上を走る（明治21年3月）＝鉄道博物館提供

ら旧越後口の要害と称された険しい大田切の開鑿《かいさく》に着手した。時の鉄道局長井上勝、同局一等技師松本荘一郎の2氏を総取り締まりとし、同局三等技師本間英一郎氏が監督、吉川三治郎・小山保政両技手が助手となってこれに当たり、翌年11月をもって竣工した。その間職工人夫の使役、実に30余万人、山頂を開くこと112尺、谷を埋めること118尺、これに要した土坪約5万立方積。なお、渓流を排すため、川底に径25尺、長さ312尺の溝渠を造った。その難工事のため、死亡した者79人。そのうち63人が悪疫のため、16人は土砂崩壊の事故で没した。哀悼にたえない。本工事受託者鹿島岩蔵氏が、工事の概要と死者名を碑に彫り、後世に伝えたいとのことで依頼を受けたが、それは良いことなので ここに梗概《こうがい》を書いた次第である。

明治三十三年八月

手塚秀輔　識

吉田愚渓　書　木村旭辰　刻

この碑は当初、妙高高原（旧・田口）駅前に建てられていたが、昭和29年に現地に移転したものという。

【編集部補筆】 本碑は線路脇にあり、通じる道路はない。立ち入り不可。列車の窓から見ることができる（直江津に向かって進行方向右側）。

田切殉難碑

▼新潟県妙高市二股
（えちごトキめき鉄道・関山―妙高高原間）

築堤決壊現場に列車突っ込む

昭和21年（1946）12月19日、築堤決壊事故により旅客列車が脱線転覆という大事故があった。

現場近くの旧信越線沿いに立つ田切殉難碑（底本刊行当時撮影）

午前4時6分頃、上野発金沢行き準急605列車が、吹雪の中を約1時間遅れで大田切地点にさしかかった時のこと。築堤が崩壊してレールが宙吊《づ》り状態になっているところに突っ込み、機関車2両が脱線転覆、炭水車は関川に転落、客車9両のうち4両が折り重なっ

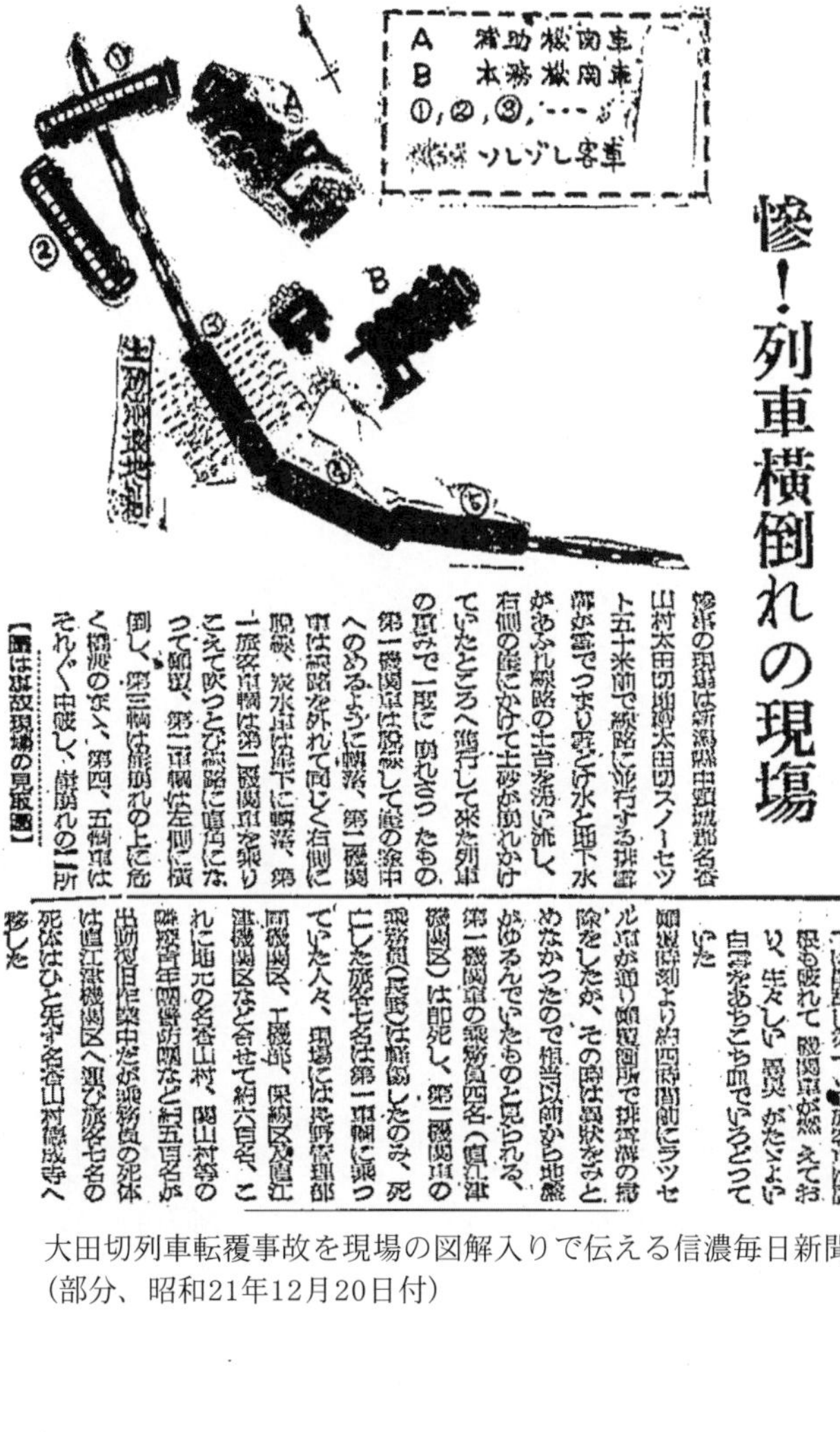
白雪を血で色どる
惨！列車横倒れの現場

A 補助機関車
B 本務機関車
①,②,③,…… ソレゾレ客車

惨事の現場は新潟県中頸城郡名香山村太田切地籍太田切スノーセット五十米前で線路に並行する排雪溝が雪でつまり雪どけ水と地下水があふれ線路の土台を洗い流し、右側の崖にかけて土砂が崩れかけていたところへ進行して来た列車の重みで一度に崩れさつたためのもの、第一機関車は脱線して崖の途中へのめるように転落、第二機関車は線路を外れて同じく右側に脱線、炭水車は崖下に転落、第一旅客車輛は第二機関車を乗りこえて吹つとび線路に直角になつて転覆、第二車輛は左側に横倒し、第三車輛は横倒れの上に危く橋渡のようになり、第四、五車輛はそれぞれ中破し、横倒れの二箇所は切断されて、ぐんにやり曲つて線路がぶらさがり車輛と雪は崖下に散乱し第一、二旅客車は屋根も破れて機関車が燃えており、生々しい鮮血がただよい白雪をあちこち血でいろどつていた

【図は事故現場の見取図】

同線は定刻より約四時間前にラッセル車が通り崩壊箇所で排雪溝の掃除をしたが、その時は異状をみとめなかつたので相当以前から地盤がゆるんでいたものと見られる、第一機関車の乗務員四名（直江津機関区）は即死し、第二機関車の乗務員（長野）は軽傷したのみ、死亡した旅客七名は第一車輛に乗つていた人々、現場には長野管理部同機関区、工機部、保線区及直江津機関区など合せて約六百名、これに地元の名香山村、関山村等の警察官警防団など約五百名が出動徹夜作業中だが乗務員の死体は直江津機関区へ運び旅客七名の死体はひとまず名香山村徳成寺へ移した

大田切列車転覆事故を現場の図解入りで伝える信濃毎日新聞紙面
(部分、昭和21年12月20日付)

て転覆という大惨事となった。このため、機関車乗務員４名と乗客７名が死亡、重軽傷者21名を出した。当時の新聞報道によると、築堤決壊の原因は、雪のため排水溝から水が溢《あふ》れて築堤を洗い、約20メートルにわたって土砂崩壊を引き起こしたことによるという。

殉難した人びとの霊を慰めるため、直江津の機関区と保線区の職員一同が醵金《きょきん》、昭和26年（１９５１）12月19日にこの碑を建てた。大田切工事碑の近く、信越線の線路をはさんで反対側に建っている。

【編集部補筆】本碑のある場所は現在、えちごトキめき鉄道の社有地で線路脇のため、立ち入り不可。車窓から見ることはできる（直江津に向かって進行方向左側）。

信州の駅弁

鉄道の開通とともに、駅構内での売店や立ち売り営業が始まった。その最初は、品川―横浜間で鉄道の仮営業が開始されて間もない明治5年（1872）6月11日、新聞の立ち売り営業の願い出が許可されて、新聞販売が始められたことにさかのぼる。

駅弁が最初に販売されたのは、明治18年（1885）7月のことで、日本鉄道が宇都宮駅まで開通した時、旅館白木屋が同駅で、竹の皮に包んだ梅干し入りの握り飯にたくあんを添えたものを5銭で売ったことに始まるとされているが、近年これに対しては異説も出ている。昭和32年に神戸駅で発行した『神戸駅史』の中に、「明治十年七月　立売弁当販売開始」との記述があるといわれるが、これが事実とすれば神戸駅が最初ということになる。

長野県では、明治21年（1888）5月に長野駅が開業して間もない頃、駅前の数軒の旅館が交代で販売し始めたのが最初だといわれる。が、その年次などははっきりしていない。

『長野駅沿革史』には、「弁当十二銭・すし八銭」という記録がある。だがその年代はつまびらかではない。明治22年に静岡で弁当を8銭、すしを6銭で、また同24年に沼津で弁当12銭、すし8銭で売ったとの記録があるのをみると、長野駅のこの値段は、開業時の21年当時の価格とは考えられない。

昭和初めごろの弁当の立ち売り人（長野駅）

信越線では、明治18年10月に横川駅で旅館業を営んでいた高見沢仙吉が、鉄道局長の許可を受けて横川駅で販売を始めたのが、この地方の官設鉄道で最初の駅弁だという。県内では長野のほか、明治25年（1892）には軽井沢でも販売が開始された。また、年次は不詳だが、上田でも売り始めたものの途中廃業。代替わりした後の販売開始が明治27年。その後、中央線の開通で上諏訪駅が明治39年（1906）、

昭和46年頃の駅弁売り。手押し車が目立つ（長野駅）

塩尻駅が翌40年、木曽福島駅が43年など、鉄道開通に伴って駅弁の販売の駅数は増加した。

一方、鉄道開通時より遅れて開始された駅も多い。小諸駅では大正10年（１９２１）、佐久鉄道のホーム売店で売ったことに始まった。松本駅は、開業後の業者が営業不振で廃業した後、大正９年（１９２０）６月、現業者が時の駅長の推薦を受けて始めた。辰野駅では、昭和８年（１９３３）の許可で伊那電気鉄道辰野駅ホームで飲食店営業をしたことに始まった。飯田線内での販売はぐっと遅れて、昭和46年（１９７１）に伊那市、駒ケ根、飯田駅のホームでの販売、翌年の車内販売開始に始まった。

現在は販売していないが、篠ノ井駅でも販売した。篠ノ井線工事の時、工事関係者への弁当の手配などに協力した駅前の斎藤旅館が許可されたものだが、その年次は不詳。戦時中の統制により、販売材料にこと欠いた昭和20年（1945）に廃業した。篠ノ井線が西条まで開通したのは明治33年（1900）で、この駅でも弁当が売られた。篠ノ井線全通後も販売していたが大正15年（1926）4月廃業した。

太平洋戦争勃発で、長い間、米穀などの配給制度や外食券制度などにより、駅弁業界は苦難の時代が続き、事実上途絶えた時期もあった。駅弁がそれぞれの駅で現在のように売られるようになったのは、戦後十余年を経た昭和30年代になってからだった。

【編集部補筆】 ＪＲが発足した昭和62年（1987）4月時点で、駅弁を販売していた長野県内の駅は、長野、上田、小諸、軽井沢、松本、塩尻、上諏訪、茅野、木曽福島、駒ケ根、飯田。平成29年1月時点の販売駅は長野、上田、軽井沢、松本、塩尻、上諏訪、茅野（ともにＪＲ時刻表などによる）。

中央線

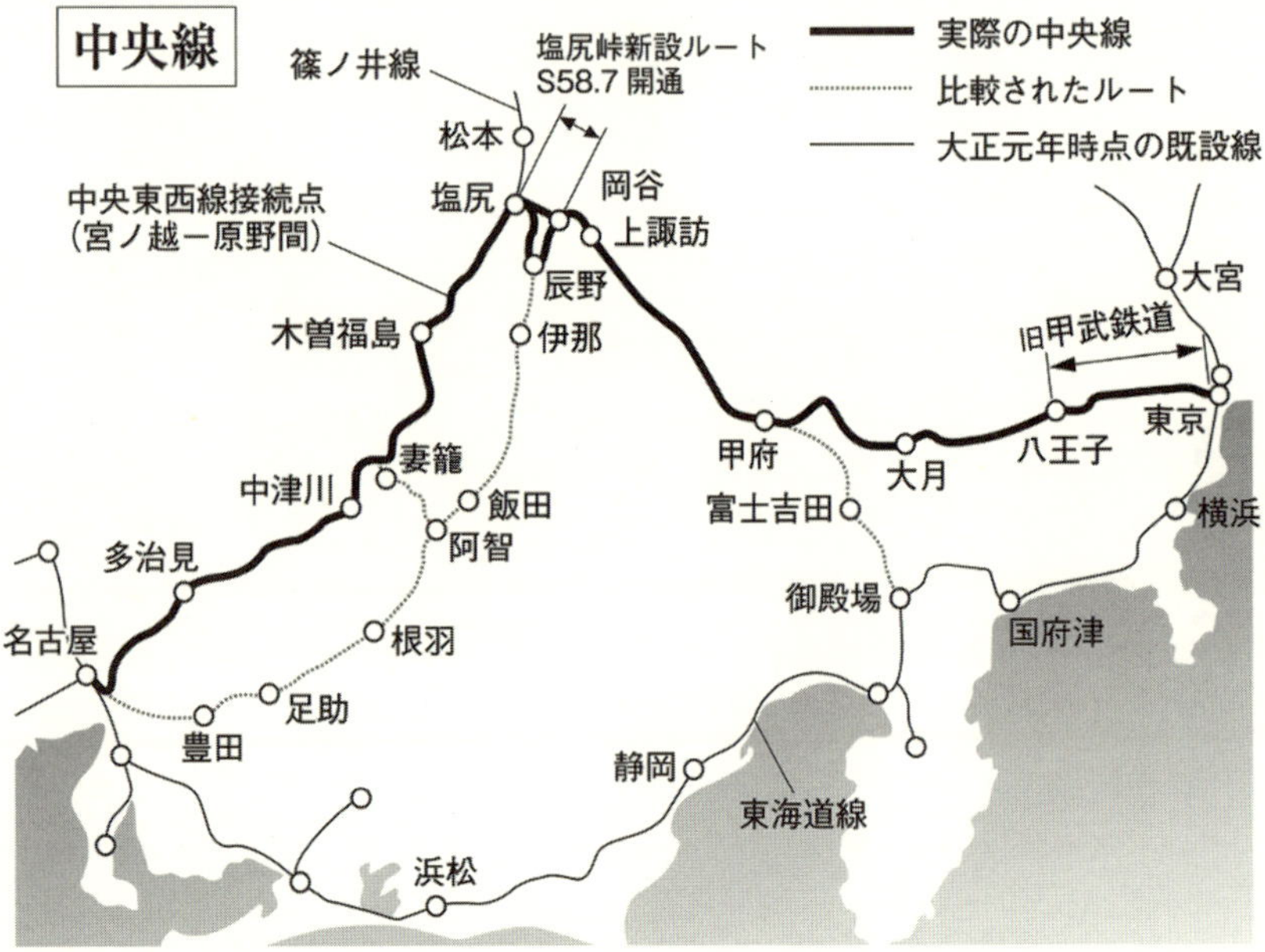
中央線
篠ノ井線
塩尻峠新設ルート
S58.7 開通
実際の中央線
比較されたルート
大正元年時点の既設線
松本
塩尻
岡谷
上諏訪
辰野
伊那
中央東西線接続点
(宮ノ越ー原野間)
木曽福島
大宮
旧甲武鉄道
東京
甲府
大月
八王子
妻籠
飯田
阿智
中津川
富士吉田
横浜
多治見
御殿場
国府津
根羽
名古屋
足助
豊田
静岡
東海道線
浜松

信濃境新駅記念碑

▼諏訪郡富士見町境（信濃境駅前）

原野切り開いて駅を新設

鉄道が開通する前、甲府から諏訪への交通路は釜無川に沿って走る甲州道中が唯一で、その沿道に落合村の下蔦木《つたき》、上蔦木などの集落があった。中央線の建設に際しては、この甲州道中沿いの案で測量したところ、沿線の多くの集落から激しく反対された。鉄道院名古屋建設事務所の記録「中央線鉄道建設概要」によれば、「この計画路線では、橋梁を多くかけなくてはならないことなどの理由で、現路線とした」とされているが、事実は、反対されてやむなく八ヶ岳から噴出した溶岩流七里岩の上に登り、境村を通過することになったようだ。

明治37年（１９０４）12月、韮崎―富士見間が開通となったが、当時この村に停車場は設けられなかった。この地の人びとが鉄道を利用するには、隣村の富士見か、山梨県の小淵沢に出なくてはならなかった。その不便から、停車場設置を望む声が高まり、同村池之

豪快な新駅記念碑。縄文時代の史跡「井戸尻遺跡」の最寄りであることを示す小さな碑が並ぶ

袋の人、平出昌太郎がリーダーとなって大正13年（1924）8月に新駅設置期成同盟会を組織、請願運動を展開した。その結果、大正14年11月、敷地と現金3万円を村が負担することで認可され、建設場所は通称「森ノ下」と呼ばれた現在地に決定。翌15年に測量、着工となった。現地は急斜面の原野で、そこを切り開いての敷地造成だった。

駅舎は昭和3年（1928）4月着工、10月竣工。11月1日営業を開始した。11月3日明治節の祝日、鉄道大臣・小川平吉が臨席し、記念式典・祝賀会を開催した。青年団員が大きな模型機関車を作り、村じゅうから駅まで引き回すなど、村を挙げての祝賀だった。

標高900 mの高原にある信濃境駅（昭和45年7月）。開業当時は急傾斜の原野だった＝小西純一氏提供

村名「境」を駅名に

村民の待ちに待った駅、その名称は、信州と甲州の境であることからつけられた村名「境」に信濃を冠し「信濃境」とした。村人が新駅と呼んだこの駅の開業を記念し、駅前に小川平吉揮毫《きごう》の大きな記念碑を建てた。中央に「新駅記念碑」と大書し「鉄道大臣小川平吉」とある。その威容に村人の喜びのほどが表されている。

駅の建設当時、このあたりは一面の原野であったが、駅開業と同時に県の補助を得て、駅への道路を建設。間もなく掛け茶屋ができ、商店、民家が次々にたちならび、農協や役場などもこの地に設けられ、村の中心として発展した。

小川平吉生誕地の碑＊

▼諏訪郡富士見町富士見

鉄道事業に尽力した富士見出身政治家

小川平吉は信州諏訪が生んだ偉大な政治家だった。明治2年（1869）、諏訪郡御射《みさ》山神戸《やまごうど》村（現・富士見町）で生まれ、明治25年に帝国大学卒業後に弁護士となり、日本弁護士協会を設立した。大陸問題に関心を持ち、東亜同文会に参加し、対露同士会を組織するなど活動した。一方、明治33年の立憲政友会成立とともに入党。明治36年（1903）には衆議院議員に初当選。以来当選9回。射山と号し政友会幹部として活躍した。

明治38年（1905）に日露戦争が終結、その講和について「戦争に勝ちながら屈辱的講和をするとは何事か」と日比谷公園で国民大会を開いた。日比谷焼き打ち事件を引き起こした一人で、扇動者として検挙されたが無罪となり一躍有名になった。

大正13年（1924）、第1次加藤高明内閣の司法大臣に就任、昭和2年（1927）田中義一内閣に鉄道大臣として入閣した。駅名の左書きを右書きとし、ローマ字はヘボン

小川平吉生家跡の国道20号沿いに立つ生誕地の碑。
右後方に「博愛」の碑がある

式をやめ日本式とするなど、国粋主義者としても知られている。「日本八景」の選定事業、また内務省所管だった自動車など陸上輸送機関を鉄道省に所属させる等の大きな仕事を成し遂げた。

　政友会内の重鎮だったが、私鉄疑獄事件の責任を問われ失脚した。だが、その後も満州問題、対ソ強硬論で活動を続け、国粋主義の立場から、統制経済、三国同盟、日米開戦にも強く反対した。昭和17年（1942）2月、72歳で亡くなった。

　小川家住居跡地に「小川平吉先生生誕之地」の大きな碑が立ち、その傍らに孫文から贈られた「博愛」の2字を彫りこんだ碑が建てられている。孫文が日本に亡命中に、その思想に共鳴して親交を結び、後にその革命の援助をした小川射山に贈られた書、「博愛」と右書きで大書、孫文の署名があり、下にいきさつをつづった撰文が刻まれている。

【編集部補筆】本碑の最寄り駅はすずらんの里駅。同駅から直線距離で南に約550メートル（道沿いに約700メートル）の国道20号沿いに立つ。同駅は昭和60年（1985）10月、富士見―青柳間の富士見町富士見神戸地籍に開業（富士見から3・2キロ、標高949・6メートル）。複線区間に相対式ホーム2面を持つ無人駅で、駅設置費用は近くに事業場があるセイコーエプソンが全額を出した。

湖畔道路開通記念碑＊

▼諏訪郡下諏訪町東赤砂

下諏訪駅をくぐる道の建設

中央線が岡谷まで開通したのが明治38年（1905）11月25日。下諏訪駅の開業はその時である。鉄道線路の敷設、駅舎の開設により、下諏訪町は広大なその用地を挟んで二分された形になった。線路の南には東西を連絡する湖畔道路が大正6年（1917）着工、同8年竣工で開通。この湖畔道路と、町中央部を結ぶ南北の連絡道路――鷹野町線、古川線の開削が計画された。

鷹野町線については既に明治43年（1910）、赤砂に至る道が開かれ

砥川の諏訪湖河口近くの鷹野橋左岸たもとに立つ湖畔道路開通記念碑。丸みのある巨大な石碑

ていたから問題はなかった。一方、古川線の建設では、下諏訪駅構内を掘削してガードで結ばねばならない。その大工事は、鉄道省との関係もあって容易なことではなかった。

ガードの掘削で出る膨大な土砂は、古川沿いの道路造成などに充てた。工事は大正6年着工、同8年に竣工。事業の完成を祝う記念の碑を、当時小公園となっていた駅前に建てた。碑を中心とする駅前広場は、情緒豊かな雰囲気で町民の憩いの場ともなっていた。

しばらくして昭和9年(1934)、諏訪地方に省営(国鉄を経てJR)バスが運転されることになった。下諏訪がバス発着基地となり、駅前広場の一角にその施設が設けられることになった。必然的に公園は消滅、記念碑も撤去されることに。撤去された記念碑は、東赤砂地籍鷹野橋の東たもとに移され、現在に至っている。

この碑は高さ2・3メートル、幅2・6メートルに及ぶ巨大なもの。碑面に「湖畔道路開通記念碑　小川平吉書」と大書、裏面に関係者の氏名が刻まれ「大正九年五月建之」とある。

【編集部補筆】下諏訪駅発着のJRバスは平成20年(2008)4月に廃止。駅前のバス車庫跡地は平成28年(2016)に下諏訪町が取得した。

川岸駅開通記念碑

▼岡谷市川岸（川岸駅前）

製糸関係者が積極誘致

中央線開通時、岡谷の次の駅が辰野で、川岸に駅は置かれなかった。地元では鉄道が開通した直後の明治40年（1907）以来陳情を続けたが、なかなか実現しなかった。大正期に入って、新倉、鮎沢《あいざわ》、駒沢の各地区を中心に製糸業が発達したが、資材は岡谷や辰野から馬車で運搬するという不便さだった。そのため駅建設を熱望した製糸関係者が中心になっての請願運動はさらに高まった。

大正8年（1919）頃、中央線の輸送力増強のため、川岸村駒沢地籍に信号場設置の案があることを知り、この機会を逸してはと、委員を定めて鉄道当局や県などに対し猛運動を展開した。その熱意が通じ、用地無償提供のほか地元負担金8万円を引き受ける条件で、大正11年4月17日設置認可が下りた。

ところが着工の直前、県から認可取り消しの通知があった。それは、県道下諏訪伊那線

川岸駅開業日の式典の様子。アーチや仮設舞台が見え、にぎわう（大正12年10月28日）＝白土貞夫氏提供

開業当時からの駅舎を使う川岸駅（平成20年12月）。現在は主に飯田線への直通列車が停車する

川岸駅前に立つ開通記念碑

が駅構内を通り、踏切となるからという理由だった。慌《あわ》てた村では村会を開き、踏切位置を変えて陸橋とする案で陳情した。この案もなかなか受け入れられず、交渉は難航を極めたが、ようやく許可を得て着工。大正12年（1923）10月28日開業の運びとなった。駅名については「西岡谷」の案もあったが、村の名の「川岸」に落ち着いた。

工事で掘り出した石を碑に

駅前に大きな開駅の記念碑が建っている。矢島豪、堀川純治ほかが主唱した「川岸駅設置期成同盟会」による建立だが、駅開設工事の最中に駅前の百瀬雑貨店の付近から掘り出された岩の処置がひとつの動機だったという。

正面に「川岸駅開通記念」と大書、その左に「従三位勲一等元田肇書」とある。元田肇は大分県出身、川岸駅設置認可当時の鉄道大臣で、枢密顧問官になった人。碑裏面に「大正十二年十月二十八日開通、川岸駅設置期成同盟会」とあり、寄付者氏名・金額が刻まれている。大口寄付は、1万円片倉合資会社、4500円川岸精練所など製糸関係者で、個人では元村長・金原恵重郎3500円が目立っている。最後部に「二十円以下二百六十八名九百五十三円」とあり、金額の多寡にかかわらず全村民挙げて協力したことがわかる。村民の期待を負って華々しくスタートした駅を象徴する立派な碑である。

自然石の台座にD51型機関車の、「D51　646」のナンバープレートがはめ込まれている。これは、開駅50周年の記念行事の際に、鉄道資料の収集家から寄贈されて取り付けたものである。

伊藤大八胸像

▼上伊那郡辰野町辰野（下辰野公園内）

中央線ルートは木曽経由に

明治25年（１８９２）の鉄道敷設法で、中央線は第1期予定線となったが、長野県内のルートは「下諏訪ヲ経テ伊那郡若クハ西筑摩郡ヨリ愛知県下名古屋ニ至ル」とあった。その区間の比較路線について、政府には、伊那三河線（下諏訪―飯田―三河上津具―足助《あすけ》―名古屋）、清内路線（下諏訪―飯田―清内路―中津川―名古屋）、西筑摩線（下諏訪―塩尻―宮ノ越―福島―中津川―名古屋）の3案があった。

『日本国有鉄道百年史』によると、政府では、原口要技師を担当として3路線を調査。明治26年（１８９３）2月6日第1回鉄道会議に、鉄道敷設法第7条の比較路線決定案を提出した。その鉄道会議議員として、伊藤大八が名を連ねていた。

鉄道会議で、鉄道庁第一鉄道部長・松本荘一郎は「地理的には清内路線は伊那線の人口も物産も多いところを通り、先の方では西筑摩線と同じルートの、採算上最も望みのあるところに出るが、アプト式を要する所が13マイルあり中央幹線としては好ましくない。工費の点では西筑摩線、清内路線、三河線の順に約500万円ずつ安い。線路の性質としても西筑摩線が優れ、さらに中津川付近以遠が開けているため同線は利用者も多い。三河線は、寒村通過で利用が少ない」と説明。

議論の末、西筑摩線16に対して清内路線6、三河線ゼロで西筑摩線を採択、2月10日「鉄道比較線路決定法律案」を第4回帝国議会に提出した。だが、この法案は議決が延びたので、第5回議会に提案しようとしたところ衆議院が解散したため、同27年（1894）5月の第6回議会に再提案。ようやく両院を通過し、同年6月法律第6号をもって中央線の建設が公布され、木曽を経由する西筑摩線に決まった。その間、伊那、木曽の誘致合戦は激烈を極めた。

辰野経由の大八曲がり

中央線の誘致合戦に敗れた伊那側は、せめて伊那の門戸・辰野を通り、善知鳥《うとう》峠を経て塩尻へのルートに――と運動を起こした。その立役者が伊藤大八だった。伊藤は、安政5年（1858）11月、下伊那郡上殿岡村（現飯田市）平沢健治郎の八男に生まれ、同村伊

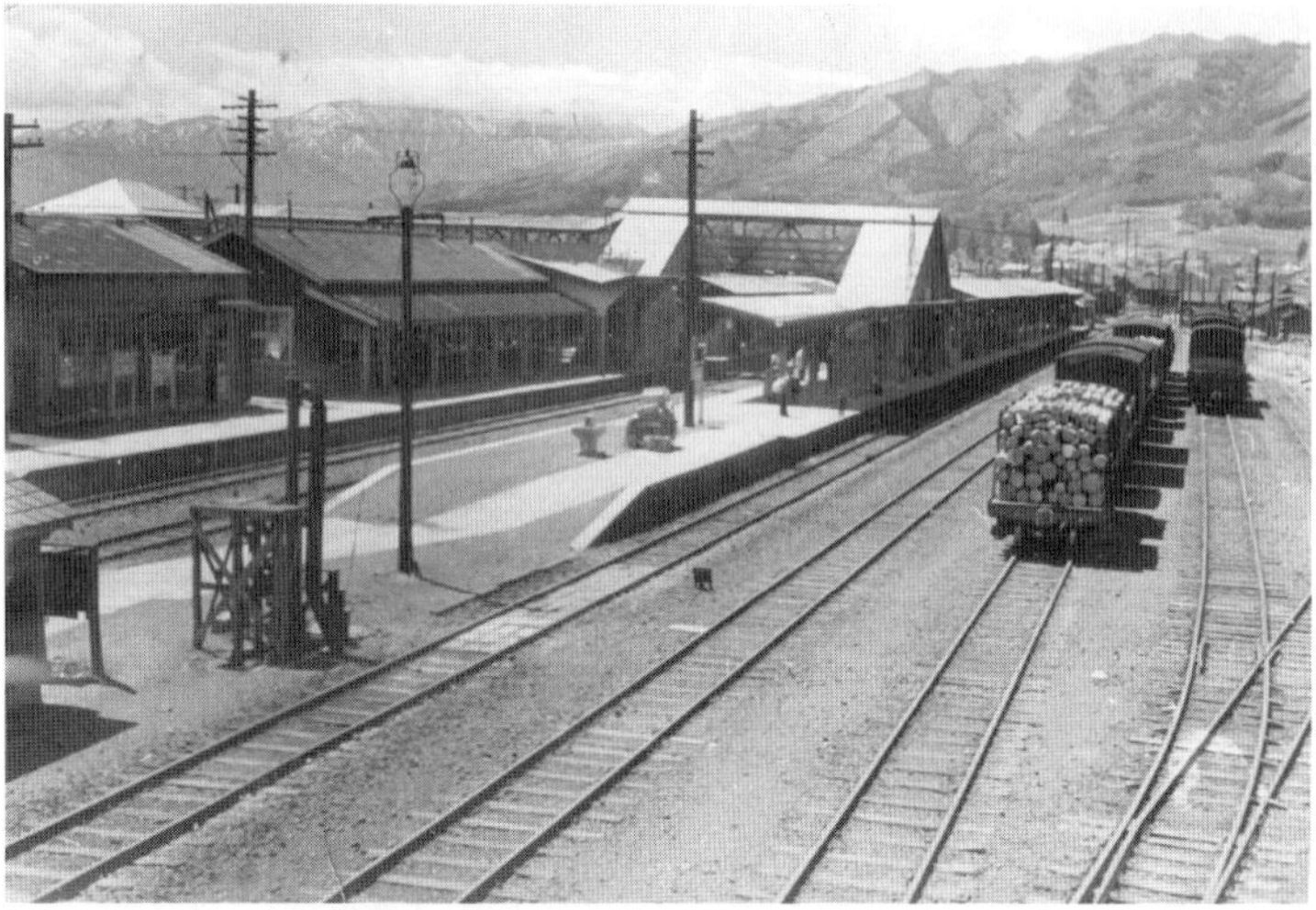

電化前の辰野駅構内（昭和30年代）

藤松太郎の養子となった。明治22年（1889）7月、第1回衆議院議員選挙に出馬して当選。政界入りした。

諏訪と塩尻を結ぶ路線は、塩尻峠をトンネルで抜けて塩尻に直通するのが最も有利である。塩尻出身の代議士川上源一は、明治30年（1897）逓信省に対し、諏訪―塩尻直通を請願した。軍部や政府の考えもこの案だったが、伊藤大八はこれに反対し続けた。伊藤が主張する辰野経由にするか、政府案とするかを決めるに先だち、当時の鉄道会議議長・陸軍参謀次長・川上操六中将と仙石貢技師長、伊藤大八とで現地視察をした。塩尻で昼食、善知鳥峠付近を通り現地視察という段どりだったのだが、食事の時に出された酒が効いたか、峠を通る頃、仙石技師長は人力車上で居眠りし、善知鳥峠の大きさを知らずに通ってしまった。帰京し結論を――ということになったが、川上中将と仙石技師長は辰野・善知鳥峠経由に反対し、政府案に固執。結論が出ないうちに議会に提出ということになった。その時、伊藤は独断で議案書に「辰野経由」の四字を記入させて提出し、それが議会を通ってしまった。

後になってそのことが判明し、技師長らは憤慨、大騒ぎになったが、伊藤は「議会を通過したもの、それを変更するというならば、臨時議会を招集せよ」と応酬。ついに辰野経由を実現させたという裏話がある。よって、この路線を人呼んで〝大八曲がり〟という。当局は辰野経由としたことについて「塩嶺を通過させると、辰野迂回《うかい》線より工事費26万円増加となる。また、この迂回線は伊那北郡の産業が発達している地方を通過する利があるをもって採択した……」と説明している。

辰野を見下ろす公園に胸像

辰野や伊那谷の人びとにとって伊藤大八の功績は大きい。関係者は感謝の気持ちをこめ、その徳を後世にも伝えたいと、昭和3年（1928）頌徳《しょうとく》の胸像を、辰野駅裏手の大城山下辰野公園の一角に建てた。中央線を眼下に臨み、伊那谷を遠望するところである。発起人の代表は、辰野区と武井覚太郎および平野桑四郎。武井は川岸村（現岡谷市）出身の製糸家で、片倉組を片倉製糸紡績に改組した人。平野は県会議員である。

　胸像の台座正面に「伊藤大八君胸像」とあり、裏面には、経歴と功績を称《たた》える次のような撰文を彫った銅板がはめ込まれている。

【銅板の全文】

我が盟友伊藤大八君は身を南信に起し、第一選挙に当り衆議院議員に列す。累進六次、尤も力を鉄道に致し、鉄道会

下辰野公園に立つ伊藤大八胸像と、発起人や寄付者の名前を刻んだ副碑（右側）

議員を奉ずること三十有六年、此の間逓信省参事官兼鉄道局長に任ぜられ、又南満鉄道副総裁となる。功を以て正五位勲四等に叙せらる。君は我が政友会の先進を以て久しく其の機務に参す。而《しか》るに君今已に世を謝す。頃、有志胥《あ》ひ謀り其の胸像を鋳《い》る。来り請ふて曰く、伊那は実に君の郷関にして鉄道の利一に君に負ふ。因みに題名を衆議院議長元田肇翁に請ひ、更に予に嘱するに文を以てす。嗚呼《ああ》、君は議臣となり貢献尠《すくな》からず、全国の鉄道亦率《おおむ》ね與《あずか》る。特に中央東線の初案は下諏訪より直ちに塩尻に至る。君論争し終に之をして辰野を経由せしむ。其の徳を不朽に表す。情を尽すと謂ふべし。君壮歳兆民中江氏に師事し、仏語に通じ文藻《ぶんそう》英発し、著訳多し、昭和二年卯年九月を以て歿せり、年七十。

戊辰（注・昭和3年）10月鉄道政務次官上埜安太郎謹撰

大八胸像の手前右に、発起人氏名のほか、建設寄付金賛助者の氏名などを刻んだ碑が立っている。賛助者は、衆議院議員小川平吉、同伊原五郎兵衛、同戸田由美、工学博士渡辺嘉一のほか、県会議員、赤穂・朝日・小野・川島・筑摩地・伊那富の各村長、伊那富村会議員など43名。寄付金は、武井覚太郎250円、伊那富村200円、伊原五郎兵衛200

円、以下1口5円まで378名の個人・団体名と寄付金額を刻んである。

塩尻峠直通線のその後

大正の末、塩尻峠直通問題が再燃した。大正14年（1925）に調査し、翌15年2月13日若槻内閣の時、仙石鉄道大臣および次官・降旗元太郎の手によって、第51回帝国議会に「鉄道敷設法中改正案」として提案された。下諏訪—塩尻を直結する一線を加えるというこの案は伊那の人びとを驚かせた。そして伊那をはじめ、岡谷・小野は反対運動を起こした。請願書を携えた代表は、1ヵ月余も東京に滞在、運動した。

改正案は委員会に付託され、本会議における委員長報告は否決、投票の結果383票中213対170で否決されてしまった。これにより仙石鉄道大臣は辞任した。

塩尻峠直通案を支持していた諏訪側は納まらず、下諏訪町御田劇場で郡民大会を開いて宣言文を決議、将来を誓った。このような経緯をたどった塩尻峠直通線は、昭和58年7月5日ようやく完成した。

塩嶺トンネル

下諏訪から塩尻へ直通する塩嶺トンネルは、中央線建設時の案だったが、これに反対する伊那側の猛烈な運動で辰野・善知鳥《うとう》峠経由となった。開通して20年後の大正15年（1926）、諏訪出身の小川平吉代議士の働きかけで、再度塩嶺トンネル直通の計画を立て測量もしたが、これも伊那側の反対で実現には至らなかった。では私設鉄道を――と計画した松諏電鉄も、不況のため株式募集が意のままにならず失敗に終わった。その後4回目の起案でようやく実現の運びとなった。だがそれも、ルート発表以来実に17年4ヵ月、着工してから9年7ヵ月余を費やすという難航の工事だった。

国鉄の正式計画発表は昭和41年（1966）3月で、その秋着工し、同46年3月までには完成の予定だった。ところが、従来線の複線化を希望する伊那谷各市町村と、新線通過予定地の岡谷市三沢・橋原区から反対の声があがった。従来線複線については、40億円を投じ伊那谷の輸送力増強をはかるという県知事斡旋《あっせん》案により反対運動は収まったが、三沢・橋原地区は区内通過絶対反対、公共優先か

特急「あずさ」の編成で塩嶺トンネルを走り抜ける試運転列車（昭和58年4月、塩尻側）

環境優先か――で揉《も》めに揉めた。

岡谷側とは対照的に、塩尻側の計画は順調に運び、昭和48年12月に工事スタート、翌年2月にはトンネルの掘削に着手した。

その後、岡谷側の強硬な反対運動も、同50年10月に告示された用地強制収用を目的とした事業認定で様相が変わり、同52年に橋原区が、また53年には三沢区も反対委員会を解散させ、岡谷側でも翌54年8月には着工となった。

塩尻側の工事は、着手当初は順調に進んだが、56年6月の異常出水で工事が中断され、以来軟弱な地質との闘いが続いた。岡谷側も、坑口から750メートル地点から先は、軟弱な地質を掘り進まなければならなかったため、薬液を注入、表面を固定させ湧水《ゆうすい》防止を図るなど、特別な方法をとって工事が行われていった。

全長5994メートル、辰野回りで27・7キロだった岡谷―塩尻間が11・7キロ短縮されたが、工事当初予算30億円が、約520億円に膨張という国鉄建設史上稀《まれ》にみる工事だった。

塩嶺トンネル建設をめぐる主な経過

昭和41年3月18日	国鉄の正式ルート橋原―三沢案発表
48年12月10日	塩尻側起工式
49年2月8日	塩尻側トンネル掘削着工
54年2月1日	橋原地区工事着工調印・第2天龍橋梁起工式
54年8月22日	三沢地区工事着工調印・立坑掘削起工式
57年4月22日	塩嶺トンネル貫通式
57年5月17日	塩尻新駅舎開業
58年7月5日	岡谷―塩尻間新線ルート開業

善知鳥山鉄道工事記念碑

▼上伊那郡辰野町小野（祭林寺）

請負工事でトンネル建設

中央線のルートは伊那側の熱意、特に伊藤大八の努力で、小野―善知鳥峠経由となった。そのために、善知鳥峠《うとうとうげ》を貫く長いトンネルを掘らなければならなかったが、これについて鉄道当局は「岡谷塩尻間ニ於《おい》テ塩尻峠ヲ貫通スル比較線アルモ之ヲ通過センニハ辰野迂回線ニ比シ工費二十六万余円ヲ増加スルノ不利アリ、之ニ反シテ辰野迂回線ハ伊那郡北部産業ノ発達セル地方ヲ通過スルノ利アルヲ以テ之ヲ採択セリ」と説明している。

善知鳥トンネルは全長1652・6メートル。このように長大なトンネルは、直営によって施工されるのが例だったが、このトンネルについては、菅原工務所の請負。下請人の神谷伊八、儀八は笹子トンネルの下請けをした経験者だった。

工事は湧水との戦い

明治35年（1902）7月22日に起工式を行い着工となったが、塩尻側は軟弱な地質で湧水《ゆうすい》が多く、しかも40分の1の勾配。ポンプを使って排水に努めたものの、当時のポンプは能率が悪く工事は難航した。菅原工務所は自己資金で400メートルに及ぶ横坑をうがって排水しつつ工事を進めたが、この湧水はトンネル工事に支障があったのみでなく、近くの田畑にまで被害を及ぼし、補償問題が起きた。一方、北小野側の地質は硬い岩石で、その掘削も困難を極めた。

かつての善知鳥トンネル小野側坑口。蒸気機関車の排煙設備があった＝鉄道博物館提供

このように難航した工事半ばにして、日露戦争が勃発し、鉄道工事はいっさい中止に。このトンネル工事も中止の運命となった。しかし、塩尻側の工事は湧水の関係で、休止す

祭林寺の入り口に立つ善知鳥山鉄道工事記念碑

れば坑内に湧水が湛《たた》えられ、既成の工事も崩壊のおそれがあり、維持困難ということで、湧水部分の工事は特に鉄道直営で掘削が続けられ、同37年（１９０４）10月導坑が貫通した。

　戦争の終結により、翌38年7月から本格的な請負工事が再開され、同39年2月、３年有8ヵ月の歳月と48万４７００余万円の工費を費やしたうえ、数名の犠牲者を出した難工事はようやく終了した。

　当時、信越線の輸送力が不足し、石油の輸送などが停滞していた。海運も、荒天の際は、日本海について途絶の状態となるため、これを救済するためにも中央線と篠ノ井線の接続を早くする必要があるということで、大蔵省の同意を得て、他線の工事用に購入した資材の一部を回して工事を急いだという裏話もある。

小野駅（昭和58年5月）。辰野町小野、塩尻市北小野を合わせた両小野地区の拠点として設けられた

小野の寺に犠牲者慰霊の碑

トンネル工事の犠牲になった人びとの慰霊のため、請負人・下請人で碑を建てるとともに、竣工を感謝して小野神社前と筑摩神社前に石の鳥居を寄進した。

碑は現在、小野坂下の祭林寺入り口に立っている。碑面には、中央に「神屋組、善知鳥山鉄道工事紀念碑」、右肩に「為配下死亡者一同」と、その下に「世話人　川口定治　高屋末哉　山根清」と刻まれ、中央の紀念碑の文字を挟んで右下に「神屋儀作　津守宇吉　板倉正雄」、左下に「二杉保太郎　栃下吉太郎　米光冨士吉」の名が刻んである。左側面の日付は、明治38年10月20日となっている。

みどり湖駅開駅記念碑

▼塩尻市上西条（ＪＲみどり湖駅下りホーム）

諸問題解決の見返り

中央線下諏訪—塩尻間の鉄道については、中央線建設計画当初からさまざまな問題が起こった。塩尻峠直通の案だったのが伊那側の猛烈な運動で辰野経由となり、以後紆余《うよ》曲折を経て、昭和58年（１９８３）７月５日、77年ぶりにようやく〝塩嶺直通線〟が完成した。しかし、それもルート決定以来実に17年、着工してから10年の歳月を要しての開通だった。

みどり湖駅は、塩嶺トンネル工事に伴う渇水、その他の諸問題や塩尻駅移転など、国鉄一連の合理化に対する地元の要望その他が受け入れられた見返

みどり湖駅の下りホームに立つ開駅記念碑

みどり湖駅（平成20年12月）。塩嶺トンネルを出た列車は松本平へ一直線で下っていく

りとして建設された。昭和57年8月着工、翌58年6月18日完成。新ルート開通と同時に開業した。塩尻駅から東へ3・9キロ、塩嶺トンネル塩尻側坑口から300メートルの地点である。駅員無配置駅だが、開業当日には塩尻市長以下関係者、地元住民らによって盛大な祝賀式が行われた。

下りホームに「みどり湖駅開駅記念」の碑が建てられている。駅開設を記念して、開駅1周年を迎えた昭和59年7月、地元の塩尻市上西条区が建立した。建立は塩尻市堀の内の長野石材が請け負った。

みどり湖駅が開設される前は、旧線善知鳥《うとう》トンネル入り口の東塩尻信号場で、一部の列車に限って便宜的に乗降が認められていたが、みどり湖駅の開業とともにその取り扱いをやめ、3ヵ月後には信号場も廃止された。

【編集部補筆】 塩嶺新線の開業により、岡谷―辰野―塩尻の〝大八〟区間は「辰野支線」と通称されるようになった。飯田線列車は岡谷発着（一部は上諏訪、茅野）となり、岡谷―辰野間は実質的に飯田線の一部に。辰野―塩尻の善知鳥峠越え区間は、同区間を行き来するシャトル輸送となっている（一部例外あり）。

東塩尻信号場は、小野―塩尻間9・9キロの中間（塩尻から5・0キロ）にあった。旅客扱いは昭和24年（1949）10月から行っていたが臨時駅扱いで、運賃は外方駅（進行方向の一つ先の駅のこと）で計算した。

木曽平沢開駅記念碑

▼塩尻市木曽平沢（木曽平沢駅北）

陳情の末開駅――記念碑建立

平沢は江戸時代には奈良井の支村で、木曽福島の八沢《やざわ》町、親村の奈良井と並んで漆器の生産地として知られていた。この地方は、天下に知られた木曽五木の産地に近く、良材に恵まれているうえに、多湿で空気清澄なことが漆器の生産に適し、またひとつには、付近の山から下地の塗料になる「さび土」と称する粘土が産出されるために漆器づくりが発展した。

明治42年（1909）この地に鉄道が開通した時、この漆器の村である平沢に停車場は設けられなかった。距離わずか約2キロ南の奈良井に駅が設けられたので、平沢に設置の必要性は認められなかったのである。しかし、漆器産業発展のためにはぜひとも停車場は必要だ――と考えた地元の人びとは、昭和2年頃から請願運動を起こした。

鉄道省と国会に陳情すること十数回、その熱意が通じ昭和5年（1930）設置が許可されたが、設置する場所について、地区内で大きな争いが起こった。集落の中心は奈良井に近いこともあったので、中心を外れた贄川《にえかわ》寄りとする案を支持する人びとが多かった。これに反対する中心部から奈良井寄りの人たちとで、集落はふたつに分かれ争われたが、結局は、線路が大きくカーブして、突出した贄川寄りの尾根の裾を掘割とした、その傍らの台地上に決まった。

駅名は、村名の平沢に木曽を冠し「木曽平沢」とした。地元では、陳情を重ねた末に念願かなってようやく駅が誕生したことを大変喜び、駅前に記念碑を建てた。その碑は正面に、「木曽平沢開駅記念」と大書し、「正三位勲一等三土忠造書」とある。三土忠造は香川県出身、平沢の人びとが陳情を重ねていた頃の大蔵大臣で、の

木曽平沢開駅記念碑。駅の移転により駅舎から約500メートル北に離れている

木曽平沢駅（平成20年9月）。毎年6月に一帯で開く木曽漆器祭の時期には一部の特急「しなの」が臨時停車する

ちに逓信大臣と鉄道大臣を歴任した人。

碑裏面には「駅新設寄附人名」として楢川村の１０００円を筆頭に、以下２円まで氏名と金額が刻まれている。その中には平沢出身の人であろう、東京や名古屋など全国各地にわたる地名を冠した人の名もある。下部に請願委員伊藤寛司以下19名、建設委員36名の氏名が刻まれ、末尾に「松本石工伴吉道」とある。

駅舎移転で碑が孤立

こうして念願の駅は開設されたが、残念なことにそこは単線だった。輸送力を増強するためには行き違い線が必要であったが、駅舎がある地点にその設備を設けることは地形上無理だった。そのため、駅舎の位置を名古屋寄りに５２０メートル移転することとし、一部利用債工事で昭和34年（１９５９）12月に新駅舎を建設した。従来は駅舎の名古屋寄りが乗降のホームだったがそのホームは撤去され、その先端があったあたりから新駅舎手前にかけて新しくホームが設けられた。したがって従来とは逆に、駅舎の塩尻側がホームになった。

旧駅舎の跡地には平沢地区が出資した保育園が建てられたが、のちに保育園は村営になって移転し、今は平沢福祉センターとして老人クラブなどが利用している。開駅記念碑は取り残された形で福祉センター前にそのまま建っているものの、老人クラブの人たちの手になるものと思われる美しい花畑で囲まれている。

【編集部補筆】 木曽平沢駅がある旧木曽郡楢川村は、平成17年（2005）4月に塩尻市と合併した。駅の移設に伴い、距離が変更になっている（奈良井駅との駅間2・3キロ→1・8キロ）。

中央線全通記念碑

▼木曽郡木曽町日義（宮ノ越—原野間・平成公園）

軍の要望が強かった中央線

明治5年（1872）、新橋—横浜間に我が国初の鉄道が開通したが、次は東・西京間を結ぶ路線はどこを通すか、軍事・経済上重大な問題として論議された。

常識的には東海道だが、東海道線は海上から攻撃されるおそれがある。これに対して国土の中部を通る中山道鉄道は、その心配がないばかりでなく、山国の開発にもなり、将来は表日本と裏日本を結ぶことができる。また、東海道には船運の便もあることだからという理由で、中山道鉄道案に決まり、工事に着手した。

だが、これに黙っていなかったのが静岡の人たちである。東西連絡鉄道の一環として名古屋以西の工事も部分的に始まっており、東西が中山道鉄道で結ばれてしまえば静岡県は時代から取り残されてしまうと、東海道線優先着手の猛運動を起こした。その動きもあって中山道鉄道は廃案とされ、東海道線を優先することになった。

このような経緯で、東・西京間を結ぶ鉄道は東海道線となったが、海上から攻撃を受ける心配がない本州中央を縦断する鉄道の建設は、軍当局の強く要望するところで、明治25年（1892）鉄道敷設法が成立するや、中央線は1期線としてとりあげられた。御殿場または甲武鉄道の終点・八王子を起点とし、甲府・諏訪を経て美濃の国へ向かう案が出され、諏訪からは、木曽経由か伊那を通すか、比較決定することとした。起点を御殿場とする案は、東京から海岸を通ることになり、軍事上好ましくないので八王子始発とした。

伊那・木曽の誘致合戦

中央線のルートについては測量段階で各地にさまざまな問題が起きたが、特筆すべきは、伊那と木曽の間で繰り広げられた誘致合戦だった。

下諏訪―名古屋間については、木曽を通る西筑摩線と、伊那・飯田を経て三河に入る第1伊那線（三河線）、飯田から清内路を通り中津川・多治見に至る第2伊那線（清内路線）の3案があった。伊那側は伊藤大八、中村弥六を主将として伊那への誘致運動を起こし、木曽党は松本・木曽・中津川などの関係者を糾合して、西筑摩線実現の猛運動を起こした。誘致合戦は加熱し、互いに相手方の路線について難点を挙げ中傷し合う泥仕合となった。

伊那のやつらは皆ぶち殺せドンドン
木曽に鉄道ひかせぬってソカネドンドン

——といった物騒《ぶっそう》な俗歌まで生まれた。結果は西筑摩線に決定したが、それは、木曽に皇室ゆかりの御料林があることから、宮内省方面への運動が功を奏したのだともいわれる。

宮ノ越でつながった東西線

中央線の工事は、笹子や小仏のトンネル、木曽の峡谷など、難工事の部分が多く予定より遅れた。明治29年（1896）に着工した篠ノ井線が同35年（1902）12月に竣工したため、その工事に携わっていた松本作業局では中央線の工事の応援に乗り出し、塩尻から東西両方面に向かって工事を進めた。

伊那側との争いに勝ち、鉄道誘致に成功した木曽地方では、つぶれ地の問題などで一部に反対もあったが、一般的には協力的だった。その中でも特に、日義村宮ノ越の人びとは鉄道の建設と駅の設置を強く希望した。

明治40年（1907）10月、山縣伊三郎逓信大臣が鉄道工事視察のために来村した時、

木曽福島駅（大正中期）。白衣を着た御嶽登山者の姿が見える＝白土貞夫氏提供

中山道奈良井宿を行く中央線の蒸気機関車（昭和46年2月）

中央東線、西線の鉄路接続地点に立つ碑。かつては旧・日義村役場の裏庭だった

村内の有志が駅設置を直接願い出た。当初から計画の中にあったのかどうかは不明だが、その直後の翌11月、宮ノ越に駅設置が内定した。

明治42年12月1日に奈良井までが開通。翌43年11月25日には宮ノ越まで延び、名古屋方面も同じ日に木曽福島まで開通、営業を開始して最後に宮ノ越―木曽福島間が残った。この区間がようやく開通し、中央線が全通したのは明治44年（1911）5月1日だった。

宮ノ越駅のある日義村は、中央東・西線の接続点となったことを喜び、両線の接続地点に大きな記念碑を建てた。その場所は宮ノ越駅から南西約1・5キロ、字上村《わむら》、旧日義村役場の裏庭である。碑の正面に「中央東西線鉄路接続点」と大書し、左側面に「明治四十三年十一月建設手塚光雄外有志」、右側面に「正六位勲四等加藤勇書」とある。

手塚光雄は日義村2代目村長。中央線記念碑の近くに「手塚村長記念碑」と書かれた碑がある。鉄道開通時の村長だったが、小学校建設その他村の発展に寄与したということで、

信濃毎日新聞

中央線全通祝賀號

中央線開通後に於ける商戦

▼中京商人の元氣

名古屋城

オキヤーセ魂

中央線全通を記念する当日の信濃毎日新聞紙面（明治44年5月1日付）。記念のイラストが入り、紙面全体が祝賀の記事、広告で埋まっている

昭和6年に建てられた。加藤勇は、鉄道建設当時の鉄道院名古屋建設事務所長で、明治41年7月から西線を担当した。

村人の喜びの表れであった大きな記念碑は、今は旧役場の荒れた裏庭に、ひっそりと忘れ去られたように建っている。時代の変遷を象徴しているかのようだ。

【編集部補筆】 宮ノ越駅がある旧木曽郡日義村は、平成17年（2005）11月の4町村合併で木曽町となった。本記念碑がある場所は現在「平成公園」となっている。

中央線の建設当時は、東京方から工事をしてきた宮ノ越までを「中央東線」、名古屋方を「中央西線」としてきた。つながったことで「東線」「西線」の名称は正式にはなくなったが、長野県内では塩尻を境に「東線」「西線」とする通称が定着している。宮ノ越―木曽福島間には昭和30年（1955）4月、原野駅が開業した。

姿を消した鉄道

鉄道の利便が知れわたるにつれ、県内各地に鉄道敷設の動きが澎湃《ほうはい》として起こった。特に、明治43年（１９１０）の軽便鉄道法公布という政府の私設鉄道助長策の刺激もあったのであろう、大正時代にかけて私設鉄道の建設が相次いだ。だが、それらの私鉄も短命であったり、縮小を余儀なくされたりと、現実は厳しかった。

【廃止になった私鉄】

草軽電気鉄道

大正４年（１９１５）、新軽井沢―小瀬間が開通、逐次延長され、同15年に草津温泉まで全線開通。田舎の高原鉄道として親しまれていたが、昭和35年（１９６０）４月に新軽井沢―上州三原間、残る区間も同37年１月末で廃止された。

丸子鉄道

大正７年（１９１８）、丸子町―大屋間で営業開始、のちに上田東まで延長された。上田電鉄と合併して上田丸子鉄道となったものの、昭和44年（1969）4月廃止になった。

布引電気鉄道

大正15年（1926）に小諸―島川原間で営業を開始した。昭和9年（1934）7月休業、11年10月正式廃止。

善光寺白馬電鉄

長野―白馬間を結ぶ計画で、昭和11年（1936）に南長野―善光寺温泉間が開業、のちに裾花口まで延伸したが、白馬まで通ずることなく19年（1944）1月休業、44年7月廃止。

池田鉄道

大正15年（1926）、信濃鉄道・安曇追分―北池田間で開業したが、昭和13年（1938）6月廃止。

【一部廃止の路線】

松本電気鉄道（現アルピコ交通）

筑摩電気鉄道として大正13年（1924）4月に営業を開始した松本駅前―浅

間温泉間（浅間線）は、昭和39年（1964）3月で廃止された。

上田温泉電軌（のちに上田丸子電鉄、上田交通を経て現・上田電鉄）大正10年（1921）開業の上田原―青木間（青木線）が、昭和13年（1938）7月廃止。

大正15年（1926）開業の下之郷―西丸子間（依田窪線、のちに西丸子線）は、昭和38年（1963）10月で廃止。

昭和18年に丸子鉄道を合併したが、丸子町―上田東間（丸子線）は、昭和44年（1969）4月に廃止された。

昭和2年（1927）から3年にかけて開業した電鉄上田―真田間、本原―傍《そえ》陽《ひ》間（北東線、菅平鹿沢線。のちの真田傍陽線）は、昭和47年（1972）2月に廃止された。

【編集部補筆】 右記以外に、松本電気鉄道が上高地線は新島々―島々間が昭和58年（1983）の台風被害で不通となり、昭和60年（1985）1月に廃止されている。底本の刊行後には、長野電鉄が河東線（通称・木島線）信州中野―木島間を平成14年（2002）3月、屋代線屋代―須坂間を平成24年（2012）3月で、それぞれ廃止した。

昭和37年2月に廃止された草軽電気鉄道。写真は谷所―草津温泉間の急勾配を行く列車（昭和36年7月）＝羽片日出夫氏提供

平成24年3月で廃止された長野電鉄屋代線・井上駅跡には、駅看板のレプリカと、歴史を記した説明板が設置された

倉本駅開駅記念碑

▼木曽郡上松町荻原（倉本駅構内）

前身は「立町信号場」

中央線建設当初、現在倉本駅がある地域は人口が少なかったため駅設置の必要性を認めず、駅は設けられなかった。ここを中心に、上松—須原間は11・4キロある。大正年代に入って、輸送力増強のため、その間に行き違いの設備が必要となり、両駅の中間地点「立《たち》町《まち》」に信号場を設ける計画を立てた。ところが地元立町地区はこれに反対した。汽車が止まっても乗降できない信号場など、住民にとっては何の魅力もない。ただでさえ狭隘《きょうあい》な木曽谷の地、土地がつぶれてはたまらぬと、鉄道側の要請には応じなかった。

鉄道当局はいたしかたなく、南方の倉本地籍を候補に挙げ地元と折衝した。倉本は集落の中心から離れていたために協力を得やすく、交渉が成立し、大正3年（1914）5月1日に信号場が設置された。ただし名称は当初の計画通り「立町信号場」とした。最初予定した地点より南になったので、上松まで6・6キロ、須原へ4・8キロと片寄った。

倉本駅の下りホームに入ったD51牽引の客車列車（昭和45年12月）＝小西純一氏提供

倉本駅（平成20年9月）。駅舎の建築には町有林のヒノキ材が提供された

この信号場は、近くに大同電力株式会社桃山発電所が建設された際には大きく貢献した。その建設資材取り降ろしのため、大正14年（1925）4月1日専用線を敷設し、着貨物の取り扱いをしたが、発電所が竣工すると昭和9年（1934）3月末日で廃止された。

負担金の代わりに檜を提供

倉本では行き違いのために列車は止まるが利用することはできない。せめて停車する列車だけでも乗降できるようにしてほしい——と、地元から強い要望が出された。これに対し、当時この地区の鉄道を管理していた甲府管理部では、一部列車の利用を認めることとした。運賃は外方駅（編集部注＝進行方向の一つ向こうの駅のこと）により計算する特例扱いだった。その後、昭和22年（1947）頃から正式の旅客駅に格上げしてほしいとの機運が盛り上がり、運輸大臣に請願、地

倉本駅開設記念碑。下りホーム脇の築山の中にひっそりと立つ

元負担金60万円を出資することを条件に格上げの認可を得た。

しかし、村にとって60万円を出資することは容易ではなく、駅舎建設用材はすべて町有林の檜《ヒノキ》材を伐採するとともに、その運搬・整地・建築などは住民の勤労奉仕により負担金に充当することとした。その結果、全国でもまれな檜の駅舎が誕生した。昭和23年（1948）9月1日開業。駅名は、地籍の名称をとって「倉本駅」とした。

駅下りホームに面した築山《つきやま》に「倉本駅開駅記念碑」が建っている。開駅20年を記念して建てたもので、碑表面に「倉本駅開駅記念碑」と大書、「運輸大臣増田甲子七《かねしち》書」とあり、裏面には、

昭和四十三年九月一日
倉本開駅二十周年記念
倉本　立町　荻原　区民一同建之

——とある。

大桑駅開駅記念碑

▼木曽郡大桑村長野（大桑駅前）

村長の思いが刻まれた碑

この地は、木曽谷で最も養蚕が盛んなところだったことから、明治７年（１８７４）に須原、長野、野尻、殿の４ヵ村が合併した時、蚕の飼料である桑にちなんで「大桑村」と名付けた（その後一時分村、明治22年再合併）。大桑駅があるところは旧長野村地籍で大桑村の中心地である。

中央線が通じた時、大桑村地域で停車場が設けられたところは、中山道の宿場があった須原と野尻で、長野には置かれなかった。しかし、村役場、郵便局、農協本部、中学校などがこの旧長野村地籍にあることか

大桑駅（平成20年9月）。記念碑は右側の小庭園にある

ら、この地に停車場を設けることは地元の悲願だった。特に、中学生の通学の関係もあり、積極的な運動を展開した。土地の提供は言うに及ばず、労力奉仕もする――と熱意をもって請願した結果、両側にトンネルがあり、しかもカーブという悪い立地条件にもかかわらず設置が認められ、昭和26年（1951）9月1日に旅客駅として開業となった。

駅開設は、地域の人びとにとって大きな喜びだった。開駅15周年を迎えた時、駅前小庭園に「大桑駅開駅記念碑」を建てたが、その碑に、村長の「思い出の記」が刻み込まれている。

皆ができぬという駅が、村を一つにと祈る執念と、地元の二旬余の汗の結晶によって

開駅記念碑の碑文。当時の村長の思いがあふれる

誕生。思えば運動のあれもこれも運命の一齣。関係者のご理解とその機運も、そして草深い住民にとってそれは明けの鐘であった。開駅十五周年に際し古人の句を想う
『今日の存命不思議にて候へ』

一九六六年秋

村長　小野壮蔵

十二兼駅開業二十周年記念碑

▼木曽郡南木曽町読書
（十二兼駅上りホーム）

昭和になって信号場開設

昔、十二兼《じゅうにかね》駅があるあたりを「十二ヶ峰」と書いた。十二ヶ根と記したものもあるという。十二とは数が多いということであり、谷や峰が多いところという意味であろう。

明治42年（1909）7月に三留野《みどの》（現・南木曽）まで通じた中央線が、その年9月には次の宿場・野尻まで開通した。その間9・2キロあるが、中間に停車場設置の必要性は認められず、駅はできなかった。やがて昭和となり、輸送力増強のために必要ということで、昭和4年（1929）12月3日、十二兼に信号場を開設した。

戸数人口は少ない十二兼の集落だが、信号場があり、列車が停車するからには利用させてほしいと願った。交通不便な木曽谷だけにその要望は強い。それは十二兼に限らず信号場のあるどこの集落でも同じだった。当時この地の鉄道を管理していた甲府管理部では、願い出があった他の信号場所在地——田立、倉本などとともに、一部の列車について乗降を認めることとした。

3駅同時に旅客駅へ昇格

こうして便宜乗降が認められることにはなったが、住民の旅客駅への昇格要望は大きく、この地区でも、他の信号場と同様に運動を起こした。昭和22年（1947）読書《よみかき》村長名で、運輸大臣や地元出身代議士、名古屋鉄道局に陳情。翌23年3月31日付で認可を得た。しかし、駅員配置の問題などもあって、開業したのは9月1日。田立、十二兼、倉本の3駅が同時だった。駅名は信号場名と同じ地区名の「十二兼」とした。

十二兼の集落は人口が少なかったため駅の利用者も少なかったが、地元の人びとが浴した恩恵は大きかった。生活に密着する駅に対する感謝の気持ちから、開駅20周年を記念して、上りホームに碑を建てた。揮毫《きごう》は当時の長野鉄道管理局長に依頼した。

碑面には、

昭和四十三年九月一日

十二兼駅開業二十周年記念

長野鉄道管理局長　大島琢司書

——とある。

十二兼駅開業二十周年記念碑。国道20号を背にした上りホームに立つ

十二兼駅（平成20年8月）。駅前を流れる木曽川は美しい渓谷になっている

田立駅移転記念碑

▼木曽郡南木曽町田立（田立駅前広場）

村はずれの信号場が昇格

木曽郡の南端で岐阜県との境、木曽川右岸段丘上に旧田立村の集落が広がっている。昭和36年（1961）木曽川を挟む両岸の読書《よみかき》、吾妻《あづま》の両村と合併して南木曽《なぎそ》町となった。

この地に駅設置の運動が起こったのは昭和の初めだった。昭和3年（1928）5月、時の鉄道次官・降旗元太郎が岐阜県へ出向し、大井町（編集部注＝現・恵那市）の古家慶隆宅に宿泊した。その際、田立《ただち》村民がそこを訪れ、交通に恵まれない村の実情を訴えて、停車場の設置を陳情した。この時には敷地問題などで実現に至らなかったが、これが駅設置運動の先駆けとなった。

坂下―三留野《みどの》（現・南木曽）間は9・1キロある。輸送力増強のためには、この中間に列車の行き違いができる信号場の設置が必要になり、昭和4年12月3日、村の東南端に田立信号場が建設された。行き違いで一部の列車が停車するようになったことで、かねて駅

現在地へ移転する前の旧田立駅舎。ちょうど移転が決まった頃（昭和47年4月）

の設置を念願していた地元の田立村から、その利用について強い要望が出された。これが国鉄の認めるところとなり、一部の列車に限って便宜乗降の取り扱いをするようになった。村の中心から離れてはいたが、これで村人は鉄道の恩恵に浴することができるようになった。

戦後、村民の間に信号場の駅昇格運動が急速に盛り上がった。木曽の交通事情から鉄道当局もこれを認め、昭和23年（１９４８）９月１日に旅客駅として開業した。

その後田立駅は、日本百景のひとつに数えられる「田立の滝」下車駅として観光客も年々増加、活況を呈するようになった。しかし、昭和41年に国道が全面舗装されてから、観光客は自動車に転移し、村民も、集落から離れている駅に出るよりバスの方が便利と、坂下方面へはバスが多く使われるようになって、鉄道利用者は減少した。

合理化の代償で駅移転

いくらバスの便がよくなっても「駅を村の中心地に」ということは、村民の等しく念願するところだった。昭和48年、国鉄当局は塩尻―中津川間の電化に際し、田立駅無人化の計画を立てた。地元は示されたその計画案を受け入れる代償として、駅を村の中心地に移転することを求めた。国鉄にとっては合理化計画の推進となり、村にとっても念願がかなえられるのだから合意は早く、駅を移転し、駅員無配置駅とした。

田立駅前広場の一角に立つ移転記念碑

移転して5年、田立駅移転期成同盟会は、これを記念する碑を下りホーム上段の広場に建てた。この期成同盟会は地域住民で組織したもので、代表は高橋辰巳町議会議員だった。
碑には、旧田立村大宮一《かず》村長が詠んだ詩を次のように刻んである。

昭和四十八年七月十日中央線複線電化に伴い　諸人の希《ねが》い叶《かな》い
旧田立駅を　ここ鄙《ひな》の里の中央に移せり
時の流れと共に展《ひら》けゆくふるさとの駅田立
素朴な人々の心と心の触れ合うなかに　ほのかな情緒を感ずる駅
爽やかなみどりの風
透明な空気と水の美味《うま》さ
春夏秋冬自然の美しさは　足繁き旅人の心慰む
単調にして単調ならざる　ふるさとの径《みち》
山に対《むか》いてものを言い　渓川《たにがわ》の音に囁《ささや》き合いて
今日もまた旅人は　手を組みてこの駅路《うまやじ》をゆく

幻の鉄道

鉄道の建設熱が高まった明治の末から昭和の初年にかけて、計画されたものの実現できなかった鉄道も多かった。

信越鉄道会社

明治17年（1884）、上田―新潟間敷設を願い出たが、許可されなかった。

甲信鉄道

中山道鉄道廃案で奮起した関係者が、明治20年（1887）、松本から諏訪、甲府を経て御殿場で東海道線に連絡する鉄道を計画した。甲府―松本間については免許されたが、資金募集が難しく、また、この区間は中央線の一部に入ることから、明治26年会社解散。

信尾鉄道

明治29年（1896）、諏訪から伊那を経て名古屋に至る鉄道を出願したものの、計画されただけで実現しなかった。

諏訪電気軌道株式会社

上諏訪から下諏訪、長地《おさち》を経て平野村（現・岡谷市）まで、一部県道上に敷設する計画で、明治45年（1912）申請したが実現されなかった。大正8年（1919）に諏訪電気鉄道と改め、岡谷を起点として長地、下諏訪、上諏訪から湖南村田辺まで、および岡谷から諏訪湖の南側を通り宮川村茅野に至る路線を出願、同11年免許を受けたが、実現には至らなかった。

佐久諏訪電気鉄道

大正8年（1919）に信越線の田中駅から望月、大門峠を経て茅野、中洲、湖南、岡谷までの鉄道を出願したが不況で順調に進まず、昭和5年（1930）中信鉄道と改めて再発足したものの実現できなかった。

高遠電気鉄道株式会社

大正10年（1921）伊那北―高遠間に鉄道敷設を計画したが、その中心となった黒河内一太郎の死去などで実現されなかった。

松諏電鉄株式会社

大正15年（1926）、議会に提出した中央線塩尻峠直通線が否決されたので、昭和2年（1927）松本―下諏訪間の電気鉄道敷設を出願。これは敷設完了後に政府買い上げを条件として同年10月に許可されたが、不況で株式の募集が計画どおりに進まず着工できなかったので免許失効になった。
これより前、大正12年（1923）に、筑摩鉄道が松本―岡谷間の鉄道敷設を申請したこともあったが、これは具体化されなかった。

中山道鉄道

和田峠を越える鉄道を――と、下諏訪町と岩村田町の2町で計画、昭和3年（1928）出願した。時の小川平吉鉄道大臣の現地視察もあったが、丸子鉄道の猛反対で計画は中止になった。

【編集部補筆】 前述のほか、着工までしながら実現しなかった路線に「国鉄中津川線」があった。飯田―中津川間37キロ。昭和42年（1967）に飯田方から路盤やトンネル工事が始まったが、中央道開通、国鉄分割民営化などの情勢変化もあって、3年後に工事がストップ、計画中止となった。

篠ノ井線

篠ノ井線

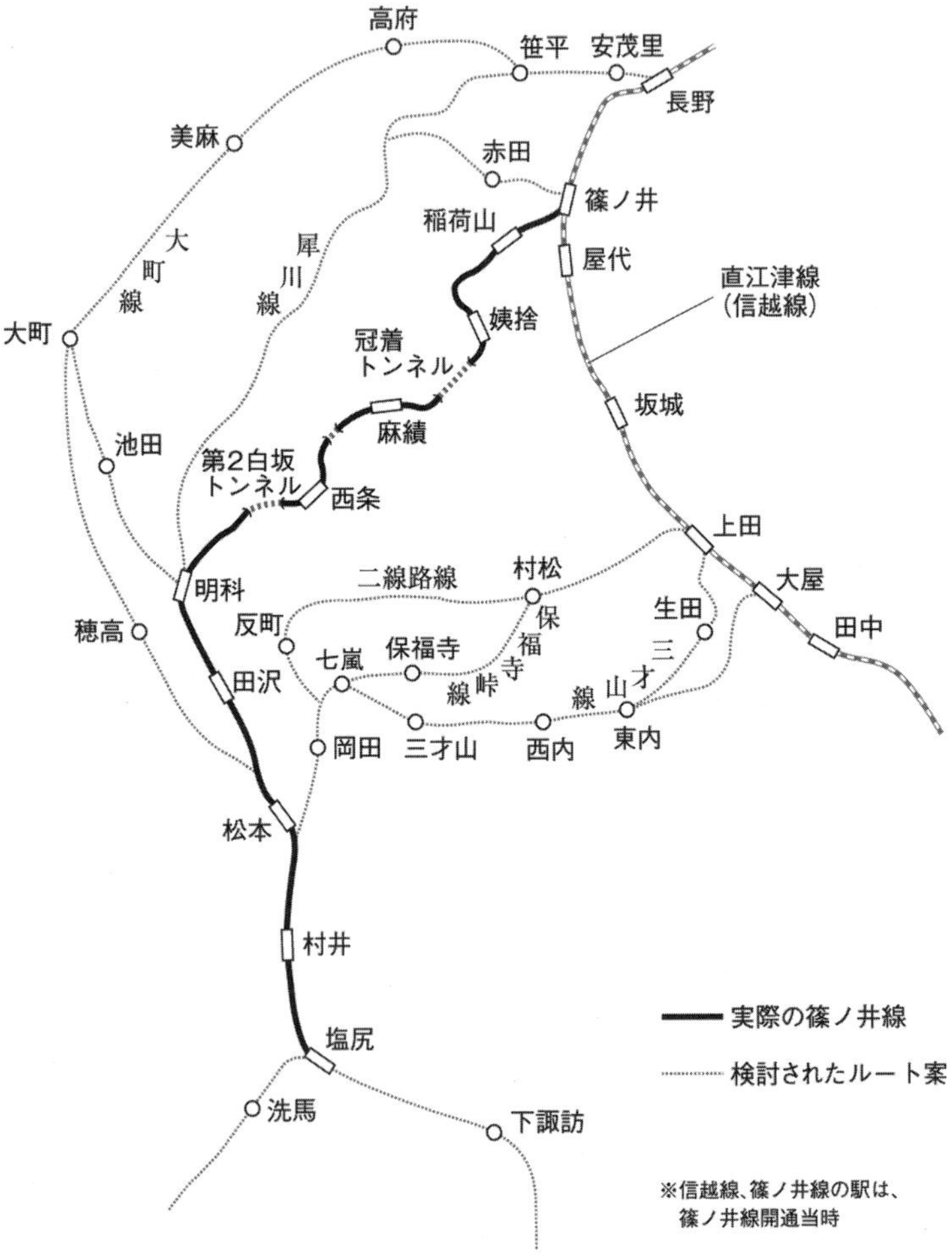
高府
笹平
安茂里
長野
美麻
赤田
篠ノ井
稲荷山
大町線
犀川線
屋代
直江津線
（信越線）
大町
姨捨
冠着
トンネル
坂城
麻績
池田
第2白坂
トンネル
西条
上田
明科
二線路線
村松
大屋
生田
反町
保福寺線
田中
穂高
七嵐
保福寺
三才山線
峠
田沢
東内
岡田
三才山
西内
松本
村井
塩尻
洗馬
下諏訪
実際の篠ノ井線
検討されたルート案
※信越線、篠ノ井線の駅は、
篠ノ井線開通当時

鉄道給水源跡の碑

▼松本市埋橋（松本秀峰中等教育学校前）

豊富な湧水を機関車に給水

鉄道が開通した頃の列車は、すべて蒸気機関車で牽引された。各線の基地となるところに機関庫（のちに機関区・運転所）が置かれたが、その設置上の必要条件は「機関車給水用の水が確保できること」だった。

松本は地下水が豊かなところである。ここに機関区ができ、輸送上の基地となったのは、地理的条件とともに、水を確保できるとの理由によるものだった。

松本機関区の機関車用水の水源は、駅から東1・5キロ地点にある湧水《ゆうすい》で、それをパイプで引き、機関車給水のほか、駅の飲料水などにも使った。水が湧き出す場所を、煉瓦《れんが》でカマボコ型に覆ったが、市民はこれを「煉瓦山」と呼び親しんでいた。輸送力の増強に伴い、この水だけでは不足となり、鉄道用地内に井戸を掘ったが、この煉瓦山の水はその後も長く使われていた。

開業当時の松本駅（明治35年6月）＝鉄道博物館提供

上空から見た松本駅（昭和48年）。篠ノ井線の無煙化（蒸気機関車廃止）は昭和45年、全線電化は48年3月に完了した

電化で役割終える

昭和40年（１９６５）に新宿—松本間が電化されたことに伴い、給水源としての使命は終わったが、蒸気機関車時代をしのぶ「明治の遺物」として残されていた。

しかしその後、松本駅—あがたの森を結ぶ県道拡幅工事のため、これを取り除かなければならなくなった。かけがえのないこの遺物を失うことは惜しいが、時代の動きには逆らえない。そこで、撤去されてもせめて何かこれに代わる記念のものを——と、国鉄ＯＢ会

鉄道給水源跡の碑。松本駅の東1.5 km地点にあり、パイプで水を送った

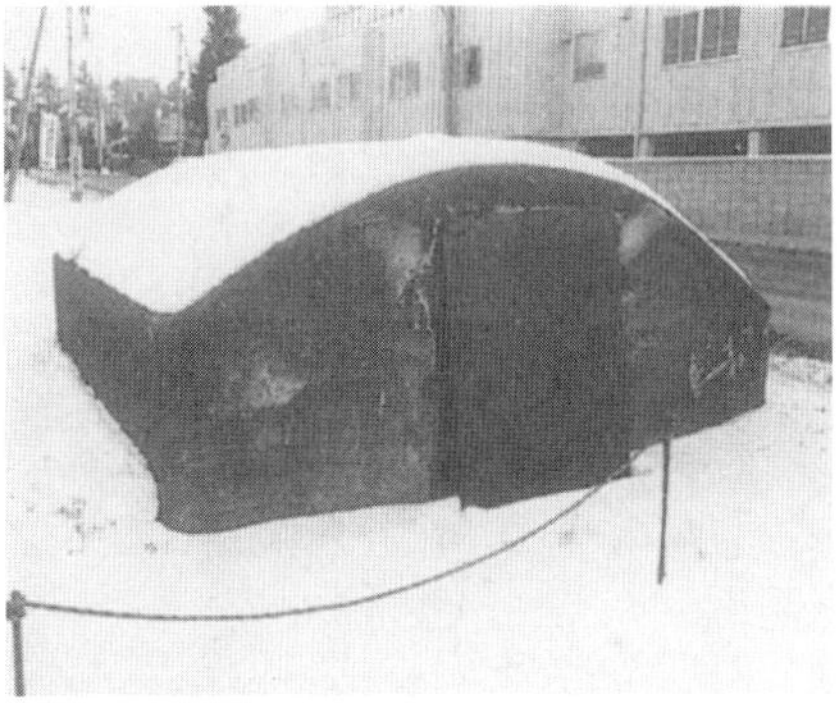
水源を覆っていた煉瓦山。県道拡幅でやむなく撤去された

松本支部（山田為好支部長）が会員らに呼びかけ、寄付を募ってその歴史を伝える記念碑を建てた。

煉瓦山一帯の工事が未完成だったので、南側の県道脇の、松南高校校舎前（編集部注＝現在は松本秀峰中等教育学校）に昭和59年（１９８４）１月に建立された。煉瓦山が撤去されて関係工事が終了したのち、その跡地に移された。その碑は花崗《かこう》岩の台座に自然石の碑で、正面に「鉄道給水源跡」とあり、裏面に、

明治三十五年六月十五日国鉄篠ノ井線松本駅開業ノトキヨリコノ地籍ノ湧水ヲ蒸気機関車ノ給水等ニ供シタ記念トシテ遺《のこ》ス

昭和五十九年一月吉日建之

国鉄ＯＢ会松本支部

――と刻まれている。

篠ノ井線鉄道工夫死亡者慰霊碑

▼安曇野市明科（龍門寺境内）

篠ノ井線工事優先の運動

松本を通る計画だった中山道鉄道は、東海道線の建設が優先着工に変更されたため廃案になった。鉄道の開通を期待していた松本の人びとの落胆は大きかったが、それでは私鉄を――と、甲信鉄道会社を組織し、松本を起点として、諏訪・甲府を経て御殿場で東海道線に接続する計画を立てた。これに対しては一応の免許は下りたものの、株式の募集が思うに任せず実現できなかった。

その後、明治25年（１８９２）に公布された鉄道敷設法により、第1期予定線となった中央線がどこを通るかが、松本の人びとの最大関心事だった。伊那経由になっては松本は取り残されてしまうと、積極的に木曽案を支持して運動を展開した。その中央線は木曽経由とはなったものの、直接の恩恵には浴せない。肝心の松本を通る篠ノ井線は2期線だったので、この工事を少しでも早く――と、東筑摩の北部までを含めた全郡的運動に高め、中央線の木曽通過運動に活躍した委員を増強して、政府や議会に陳情した。

篠ノ井線優先着手の陳情書では「すでに信越線が通じているのだから、篠ノ井から分かれる鉄道を敷設し、これを延ばして名古屋方面と結んだ方が、新たに中央線を建設するよりはるかに経費がかからない。八王子―塩尻間の建設費は１３００万円、これに対し篠ノ井―塩尻間は３００万円だからその差１０００万円」という趣旨の工事費概算比較表を作り、関係の向きに配布した。鉄道作業局では石丸重美技師を派遣して、犀川線、大町線、保福寺線、三才山《みさやま》線、および現在線を比較調査させた。明治26年（１８９３）３月頃のことである。

犠牲者も多かった難工事

翌27年、第６回帝国議会で中央線の木曽経由が採択され、それとともに第2期線の篠ノ井線を1期線に繰り上げることが決まった。だが、日清戦争が勃発したため着工は遅れ、同29年（１８９６）になってようやく篠ノ井から着手した。当初予算は３６０万円だったが、戦後の経済変動で経費不足となり、同31年４月には工事を一時中断せざるを得ない状態になった。32年の議会で４００万円の工事費追加が議決されて工事が再開、翌33年（1

西条—明科間の御仁熊トンネル建設工事。東坑門口の様子（明治32年12月26日）＝鉄道博物館提供

スイッチバック式停車場の姨捨駅開業（明治33年11月1日）＝「写真でつづる長野鉄道管理局の歩み」より

明科駅の北側で進められた会田川橋梁建設の様子（明治25年2月5日）

９００）11月に西条まで開通した。

篠ノ井線の工事は13区に分けて進められた。篠ノ井―稲荷山間と、松本―塩尻間は平坦《へいたん》な地形で工事は容易だったものの、稲荷山から松本の手前までの山岳地帯は、谷も深く難工事であった。中でも冠着《かむりき》トンネルや白坂、潮沢《うしおざわ》は難航、工事は大幅に遅れた。

西条―明科間に穿《うが》ったトンネルは大小五つ。岩を砕き、崖を崩し、谷を埋める難工事が続き、工事に従事した人たちの中からは犠牲者も多く出た。工夫の多くは他県からの人びとで、その中には囚人も駆り出されていた。明科・龍門寺の過去帳には8名の工事関係犠牲者名が記載されているが、そのうち2名は住所氏名年齢など不詳とされている。犠牲者は、このほか西条の関昌寺や坂井村の安養寺にも葬られた。

碑建立の募金願いは却下

龍門寺の洞山来応《ほらやまらいおう》和尚は犠牲者を悼《いた》み、慰霊の碑を建てたいと念願して、自ら発起人となって明治34年（1901）7月から建立準備に取り組んだ。中川手村の有志とはかり、建設総代6名が連署して、弔慰碑建設のための「寄付金募集願」を長野県知事に提出した。募金目標は450円だったが、これは「内務省令の趣旨に適さない」と、翌8月に却下された。

篠ノ井線鉄道工夫死亡者慰霊碑。龍門寺の山門手前に立つ

翌年の明治35年（1902）5月、建設発起人洞山来応、建設総代16名と中川手村長・望月浜四郎が連署して「鉄道工夫死亡者弔慰碑建設願」を松本警察署長に提出した。寄付金募集については却下されたので、寄付行為

は表に出さず、必要経費は関係者で用意したことにして書類を出したもののようだ。
この願書で「犠牲者が国のため民のため、身を犠牲に供したというのに、世間では死亡者に一掬《いっきく》の涙をそそぐ者もまれ……」と綿々と訴えている。この願いは、5月15日に認可され、関係者は直ちに工事にとりかかった。こうして碑は同年の10月中旬、龍門寺山門手前に一段と高く土盛りをして、その上に建立された。
碑面には、
弔鉄道工夫死亡者之碑
正五位勲五等鳥越金之助篆額《てんがく》
——とある。撰文大内退、書華井文松。刻まれた碑文は、漢文で難解だが、
猛獣巨蛇にあい　辛酸苦心危巌の下に骨を埋め　屍《かばね》を懸瀑の底にさらさず　前後その幾度かを知らず……

——と難工事の模様を記し、

鉄道の難工事で工夫の多数が屍をさらした。国利民福のため命を失ったのに、世の人が彼らを見捨てて顧みないことはまことに哀れだ。龍門寺の来応和尚は、深くこれを哀れんで冥福を祈り、同士とはかって碑を建て、その事由を記して、来る者に告げようとするものだ

——と建立の趣旨を述べている。

篆額者である鳥越金之助は松本鉄道作業局出張所長、また大内退は宗教家で盲聾《もうろう》学校を創立し、横浜市長になった人である。

なお裏面には、寄付者の氏名および金額が刻まれている。

(新)白坂トンネル

篠ノ井線の篠ノ井－松本間は、その60％が急勾配であるばかりでなく、急カーブが連続し、さらに西条－明科間、姨捨－冠着間は名にし負う地滑り地帯を経由している。それがこの線の輸送力増強の上での大きな支障となっていた。輸送力増強のため当面の手段として、昭和36年（1961）9月、潮沢と桑ノ原に信号場を設けて対応してきた。

第2～3トンネル間を行く試運転列車。複線仕様だが現在も単線で運用（昭和63年8月）

篠ノ井線建設工事の際、最大の難関で犠牲者も多く出た西条－明科間は、地すべりが起きやすい地質であることや、老朽化によるトンネル内落盤の心配もあることから、その間9・7キロの線増計画が立てられ、昭和49年（1974）12月着工となった。

新線は明科を出て右に分かれ、在来線の内方に3本の長いトンネルを掘り、ほぼ直線で結んだ。第1〜第3白坂トンネルの総延長7・33キロ、トンネル内は新幹線と同様の強化路盤でロングレールとなっているのが特長。総工費185億円。昭和55年（1980）発行の『長鉄局三十年史』によれば、使用開始予定は57年10月だったが、大幅に遅れ、着工以来13年9カ月を要し、昭和63年（1988）9月10日に開通となった。工事は複線の計画により完成したが、現状は単線のみの開通となっている。

この新線開通で、潮沢を経る旧線は廃線となった。

【編集部補筆】 新線に切り替えられ、廃止された明科—西条間のうち、明科駅から旧第2白坂トンネル入り口までの約6キロの線路跡は、JRが旧明科町（合併して現・安曇野市）に払い下げた。安曇野市はこの廃線敷を遊歩道として整備し、観光活用している。遊歩道沿いには、信号機や踏切跡などの遺構が残り、三五山《さごやま》、漆久保の両トンネルは歩いて通り抜けられる。新線トンネルは結局、複線工事は行われず単線のまま使われている。

坂北駅開駅記念碑

▼東筑摩郡筑北村坂北（坂北駅前広場）

駅新設に両隣は反対

篠ノ井線が坂北村を通ったのは、明治33年（１９００）11月に西条まで開通した時だったが、村内に停車場は設けられなかった。そのため、この地の人びとが鉄道を利用するには、麻績《おみ》か西条まで出なくてはならなかった。

停車場の設置は村民の強い願いだったが、具体的に動き出したのは大正12年（１９２３）だった。翌13年9月、坂北村議会で「新駅許可請願」を決議し、関係村と共同して鉄道大臣および名古屋鉄道局長に請願書を提出した。ところが、隣の麻績村と西条駅がある本城村がこれに反対した。新駅ができれば、麻績、西条駅を利用していた人びとがそちらの駅に移り、村の経済にも影響すると、利害が反する立場からの反対だったようである。そこで坂北村では、地元選出の代議士に懇請し、その力も借りて当局に働きかけ、大正15年（１９２６）になって認可を得ることができた。

坂北駅（昭和57年９月）。その後改装されたが、建物は開業当時のまま

請願駅であったため経費の分担もあり、村を挙げて資金の捻出をはかった。昭和２年（１９２７）４月に着工し、10月に竣工。駅名は村名からとり、「坂北」として11月３日から営業を開始した。駅の開設により、善光寺街道とを結ぶ道路が開かれて、駅を中心とする集落「昭和町」が誕生した。

30年目でようやく建立決行

開駅記念碑は駅前広場に建てられているが、これは開駅後30年を経てから建立されたものである。多年の念願だった駅ができたことを喜ぶ村人たちは、それを記念し、10周年に当たる年に先人に対する謝恩の事業を計画したが、あいにく支那事変勃発直後で実現できなかった。さ

駅前の小庭園に立つ開駅記念碑

らに20周年の時も、終戦直後の混乱期だったことと、組合立中学校の創設・小学校体育館建設などの事業が重なったことから見送りとなった。

昭和32年（1957）、30周年を迎えるに当たり、永年果たせなかったこの事業決行の声が高まり、ようやく開駅記念碑を建てることが決まった。「坂北開駅30周年記念事業委員会」委員長・坂北村長鎌田治躬名で、長野鉄道管理局長に駅構内への記念碑建立の請願書を提出。許可を得て、駅前左の小庭園に建立されたのである。

碑面中央に「開駅紀念碑」と大書され、「九十齢信堂書」とある。揮毫《きごう》は、坂北村名誉村民・増田甲子七《かねしち》運輸大臣の尊父で、駅設置運動の特別委員だった増田留吉翁。裏面には関係者の氏名などが刻み込まれている。

【編集部補筆】 坂北駅がある旧東筑摩郡坂北村は平成17年（2005）10月、冠着駅のある旧坂井村、西条駅のある旧本城村と合併して筑北村となった。聖高原駅（昭和51年4月、麻績から改称）のある麻績村は合併しなかった。駅間は西条まで3・7キロ、聖高原まで4・1キロ。坂北駅は善光寺街道（北国西街道）の青柳宿が近い。

増田甲子七顕彰像

▼東筑摩郡筑北村坂北（筑北村役場坂北支所前）

坂北出身の政治家、鉄道に縁深く

坂北村役場に隣接する坂北村歴史民俗資料館の入口脇に、増田甲子七《かねしち》顕彰像建立委員会によって、増田甲子七顕彰の像が建てられた。昭和58年（1983）11月24日に除幕されたこの像は、台座に「増田甲子七先生顕彰像」とあり、その下に撰文を刻んだ銅板がはめ込まれ、裏面には、

昭和五十八年三月吉日建之
増田甲子七先生顕彰像建立委員会
会長　尾崎秀男
像製作　瀬戸團治

――の銅板と、略歴を刻んだ銅板をはめ込んである。

郷土が生んだ大政治家頌徳の像で、鉄道に関する事績についての顕彰像ではないが、昭和22年運輸大臣に就任し、その在任中に、歴史に残る国鉄労働組合のゼネスト計画に対処したことが撰文の中にあり、その他鉄道とは関係が深い人だったので鉄道碑に加えた（このゼネストは進駐軍総司令部の指令で中止されている）。

運輸大臣に在任中の昭和22年（１９４７）頃、木曽各地の鉄道信号場（倉本その他）所在町村から、駅への格上げを要望する請願書が出された。それが認可され、営業開始になったのは翌23年９月１日だったが、認可にあずかったからであろう、倉本駅には増田甲子七書の開駅記念碑が建てられている。この碑は開駅20周年記念に建てられたもので、その時増田は防衛庁長官だったが、請願当時の肩書きで「運輸大臣増田甲子七書」とある。

増田甲子七顕彰像。旧・坂北村出身の政治家をたたえる全身像

また、大糸線南神城駅開駅記念

碑の扁額《へんがく》も増田甲子七の書である。それには、当時の肩書きで「国務大臣内閣官房長官増田甲子七題」としてある。

坂北村に銅像が建立された同じ年に、松本市城山公園入り口にも同様の銅像が建てられた。

【編集部補筆】 増田甲子七は明治31年（１８９８）東筑摩郡坂北村生まれの政治家。運輸大臣、労働大臣、内閣官房長官、自由党幹事長などを歴任。昭和60年（１９８５）死去。

坂北村は現在筑北村。冒頭「坂北村役場」は現在の筑北村役場坂北支所、坂北村歴史民俗資料館は明治33年（１９００）に建てられた旧坂北村役場庁舎で、現・筑北村坂北歴史民俗資料館。

篠ノ井線開通時の白坂トンネル

明治35年6月17日信濃毎日新聞から（抜粋）

篠ノ井線が、起工以来六年二ヵ月の歳月と三百九十六万六千七百五十余金の工事費とを投じて着手せる鉄道は、いよいよ松本までの工成り一昨十五日を以て開通式を挙行するに至れり。

西条より松本までには、五個のトンネル、即ち御仁熊《おにくま》（千百三十一呎《フイート》）・第一白坂（百四十八呎）・第二白坂（六千六百三十七呎）・漆久保《うるしくぼ》（百七十四呎）・三五山（四百九呎）のトンネルありて、中にも第二白坂トンネルの如きは、有名なる彼の冠着に次ぐの大トンネルにして、これを通過するに約五分間を要し、而《しか》もトンネルの中途より松本の方へ下り勾配となりて、あたかも身は幽冥限りなき地の境に運ばるるが如きここちする也。その他は極めて短しといえども、山々相重なり、渓流相逼《せま》り、見上げればあやしげなる山畑散在して、たまたま人家樹林を隠見するなど、中にも砥石沢・潮沢の穹谷《きゅうこく》の如き、ほとんど太古の地を過ぐるの思いあり。

旧第2白坂トンネルの貫通を祝う（明治35年）
＝「写真でつづる長野鉄道管理局の歩み」より

西条―明科間の旧線の中間に設けられたスイッチバック式の潮沢信号場。山深い中で列車交換が行われた（廃止直前の様子・底本掲載の写真）

大糸線

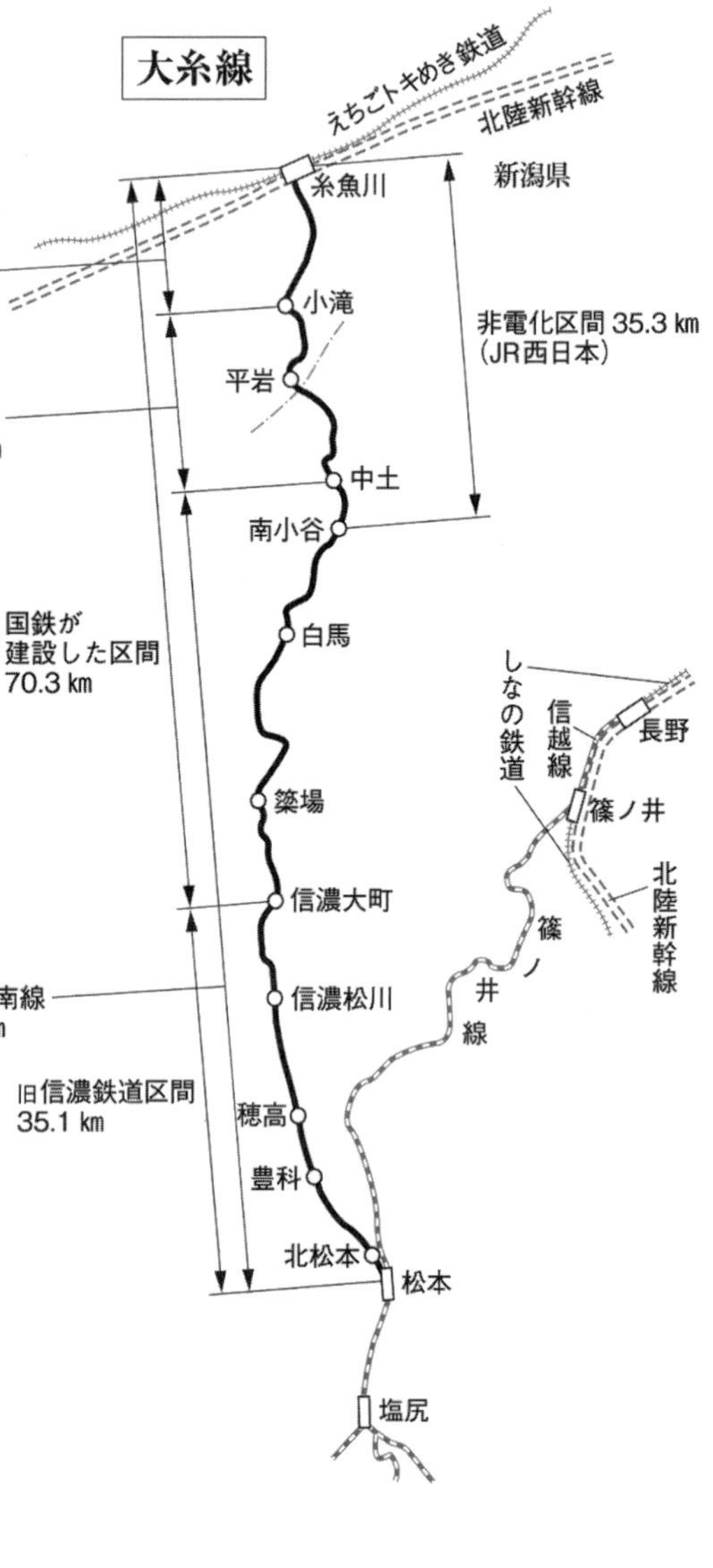
大糸線
えちごトキめき鉄道
北陸新幹線
新潟県
糸魚川
旧大糸北線
13.6 km
小滝
非電化区間 35.3 km
(JR西日本)
平岩
最後の開通区間
(S32.8) 17.7 km
中土
南小谷
国鉄が
建設した区間
70.3 km
白馬
しなの鉄道
信越線
長野
簗場
篠ノ井
北陸新幹線
信濃大町
篠ノ井線
旧大糸南線
74.1 km
信濃松川
旧信濃鉄道区間
35.1 km
穂高
豊科
北松本
松本
塩尻

島内開場記念碑

▼松本市島内青島（島内駅前）

地元が懇願――開通7ヵ月後に開業

大糸線の前身は私鉄の信濃鉄道で、現在の北松本から工事を起こし、大正4年（1915）1月6日に豊科まで開通したが、その時点では、まだこの島内駅は開設されていなかった。地元の島内村がぜひとも設置してほしい――と誘致に努めた結果、同年10月1日に開駅となったものである。

鉄道建設計画の中にある駅ならばそのようなことはなかったが、すでに敷設された線路脇に設置したため、半径300メートルの大きなカーブに沿ってホームを設け、駅舎はその先端に建てられ

山小屋風だった島内駅（昭和57年9月）。石碑は駅舎から少し離れた東側にあった

島内開場記念碑。平成25年に旧駅舎東側に新駅舎が完成し、駅前の碑となった

た。業務上不便ではあったが、地形上仕方のないことだった。

　駅ができることを喜んだ地元の人たちが記念碑を建てた。会社から設置の回答をもらい早速準備したのであろう、碑に刻まれた日付は、開駅前の「大正４年９月30日」となっている。村人の喜びと鉄道にかける期待が大きかったことを物語っている思いがする。だが、工事は予定どおりには進まず、営業が開始されたのは10月１日からだった。

　記念碑は駅前駅舎の右角に建つ。自然石を用い、表に「開場記念」と書かれている。当時、駅は一般に「停車場」と呼ばれたことから「開場」としたものであろう。裏面に９月30日の日付と、発起人・賛同者氏名、村の補助金１００円を筆頭に、寄付者名・金額が刻まれている。

【編集部補筆】 島内駅ホームは列車交換ができる島式だが、カーブがきつく乗降が危ない。列車交換も一時は行わず、信濃大町方面へ3駅先の一日市場駅などで行ってきたが、平成21年（2009）にホームを改良して交換機能を復活させた。旧駅舎東隣に平成25年（2013）秋、簡易駅舎が建てられたが、開場記念碑はもともと旧駅舎の東側に離れてあったため、新駅舎の駅前に立つことになった。松本市音楽文化ホールに近く、現駅舎には音符があしらわれている。

島高松開場記念碑

▼松本市島内高松（島高松駅前）

書の大家による破格の記念碑

島高松駅は信濃鉄道開業の時に計画された駅ではなく、地元の請願で誕生した駅である。当時の島内村高松地籍にできた駅なので、村名の1字に地籍名を合わせ「島高松」という駅名にした。

大正15年（1926）4月14日の開駅に合わせ、記念する碑を建てた。停留場の開設であるので隣接の島内と同じく「開場紀念」とし、「白巌書《はくがん》」とある。楷書《かいしょ》の大家として知られた大書家の筆になる素晴らしい碑が、どっしりとした台座の上に据えられている。記念碑の中でも異色の碑である。社線内発着旅客のみに限って取り扱う停留場の開設記念としては、すぎたるものの感がある。隣の島内も陳情によって開設された駅で、同様に開場記念碑を建てた。同じ村内のそれに負けまいとの競争意識があったのかもしれない。碑裏面に賛助員氏名と寄付金額、「大正十五年四月」と建立の日付が刻まれている。

揮毫《きごう》者である秋山白巌は、習字独習法を発明、我が国初の書道通信教授を始めた人物である。大正3年（1914）に南安曇郡の有志が発起人となり、奉《ほう》職《し》会《かい》をつくってこの地に招いており、松本市で書道塾を開いていた。松本深志公園には、白巌書の巨大な教育勅語の碑が建てられている。

島高松開場記念碑。駅前の道路に面して立ち、文字に迫力がある

島高松駅（平成20年10月）。直線区間にホーム1本の簡素な駅

信濃鉄道碑

▼大町市仁科町（信濃大町駅北）

不況時代に建設——まずは高瀬川手前まで

明治43年（1910）に公布された軽便鉄道法という私設鉄道助長策に刺激され、各地で鉄道建設熱が高まった。中信地区でも、松本市長小里頼長《おりよりなが》らの有志が在京の有力者と図り、松本—大町間の軽便鉄道敷設計画を立てた。

明治44年（1911）に仮免許が下り、翌年の3月30日に資本金60万円で信濃鉄道株式会社を松本市に設立、大正2年（1913）4月25日、松本側から工事を起こした。竣工期限は大正3年11月25日だったが、折からの不況の影響を受けて工事は大幅に遅れた。工期の延長を陳情して、1年の延長は認められたものの、会社は経済の変動で大打撃を被り、一時は絶望視されるような状況だった。資金面でも苦しく、専門技術者からみれば無謀ともいえる工事であったために、進んで請ける業者はなかった。

当時の社長・今井五介は、片倉組の技師・上野新十を起用、片倉組から応援の作業員を

開業当時の信濃鉄道旧信濃大町駅（大正4年頃）。のちに仏崎と改称したが、廃止された＝「写真でつづる長野鉄道管理局の歩み」より

最初の開業当時、信濃鉄道の起点だった北松本駅（平成2年）

出して工事を進めた。第1期工事の松本市―豊科間が大正4年（1915）1月6日にようやく完成、営業開始にこぎつけた。

安曇野を走る鉄道だから、鉄橋の架設はあってもトンネルなどはない平坦《へいたん》な線で、その後の工事の進捗《しんちょく》は早く、同年11月には大町の手前の高瀬川の際まで通じた。しかし、高瀬川鉄橋の架設は資金面で困難とされて、地元大町の支援に頼らねばならない状況だったので、取りあえず高瀬川の手前の常盤地籍を終点とした。その終点駅が初代の信濃大町駅で、地元の協力状況によって町内に移す意向を示した。

8ヵ月後――ようやく川を渡る

こうして高瀬川手前に駅が開設されたため、川を隔てた対岸の運送業者をはじめ、商店・旅館などは向こう岸に店舗を設けるか出張営業をしなくてはならないということになった。これでは不便であるばかりでなく、町の発展上からも問題であるとして、移転運動が起きた。町の南方域の支援が優勢だったことから、大正5年（1916）7月、現在地に駅を設け、これを信濃大町駅とした。それまで終点だった高瀬川際の駅は、仏崎観音への「仏崎道」と呼ばれる場所に位置していたので、駅名を「仏崎」としたが、この駅は翌

信濃鉄道碑。信濃大町駅北側の構内脇に立つ

6年に廃止された。

信濃大町以北は国鉄で工事を行うことになり、信濃鉄道は松本―信濃大町間の鉄道会社となった。当初は蒸気機関車に牽引されての運転だったが、大正15年（1926）1月8日から電車に切り替えた。沿線には北アルプス連峰が連なり、観光のウエートが高い鉄道だった。

記念碑に社名を残す

信濃鉄道が地元の経済・文化に尽くした功績は大きかった。全国的に有名な信濃木崎夏季大学開設の際、大講堂と聴講生が起居できる付属の建物を造るなど、積極的に協力したことなどもその一つだった。

昭和12年（1937）6月1日、信濃鉄道は

国鉄に買収された。地元に密着し、地方の発展に努めてきたことを誇りに思っていた同社社員は、国鉄に接収されることを肯定的に受け入れたが、同時に信濃鉄道の名称が消え去ることへの哀愁から、信濃大町駅前に大きな記念碑を建てた。その後、駅の裏手踏切脇に移転されたその記念碑には次のように刻まれている。

【碑文】

信濃鉄道株式会社ハ明治四十五年三月松本市ニ創設セラレ大正二年四月鉄路ヲ起工シ同四年十一月全線ヲ開通セリ即《すなわ》チ松本ヲ起点トシ豊科穂高有明常盤ヲ経テ大町ニ達スル延長二十二哩《マイル》余ノ軌道ナリ沿線ハ安筑地方ノ沃野《よくや》ニ在ルモ本邦中央山脈ニ属シ交通便ナラズタメニ文化ノ恩恵ニ浴セズ運輸機関ノ整備ハ地方人ノ夙《つと》ニ翹望《ぎようぼう》セシ所ナリ斯界ノ先覚才賀藤吉氏此ニ見ルアリ奮起其ノ事ニ当リ之ガ時利ナラズシテ勇退セリ大正三年六月今井五介氏社長ニ折井政之丞氏副社長ニ就任シ歴代重役ノ協力ト地方有志ノ援助トニ頼リ遂ニ其ノ竣工ヲ見ル大正十四年運転動力ノ電化ト共ニ業務ノ刷新ヲ行イ漸ク業績ヲ挙グルヲ得タリ偶々国有鉄道大糸線ノ全通目睫《もくしよう》ニ迫リ本社ノ前途亦《また》大ニ有望ナラントスル際本鉄道ガ政府ノ買収命令ニ接シタルヲ以テ本社ハ国有鉄道ノ本

義ヲ尊重シテ直ニ之ニ応ジ昭和十二年六月一日其ノ一切ヲ移管シテ本鉄道ノ使命ヲ完了セリ

顧《かえりみ》レバ本鉄道創業ノ当時ハ資本金六十万円ナリシモ大正六年増資シテ百二十万円全額払込トナシ大正十年更ニ資本金三百万円ニ増加セリ爾来経済界ノ消長ト共ニ屢々《しばしば》遭遇セシ毎ニ之ガ対策ヲ講ジ地方産業ヲ発達セシメ或ハ中部山岳所謂《いわゆる》日本アルプス連峰ノ開発トナリ或ハ信濃公堂ノ設立トナリテ夏季大学開講ヲ促進シ之ヲ北安曇郡ノ公共団体ニ寄附スル等文化ノ進展ニ貢献セシコト僂指《るし》スルニ暇《いとま》アラズ惟《おも》フニ本鉄道ノ移管ト共ニ大糸線竣成ノ暁ニハ本邦ノ中央ヲ横断シテ北陸東海ヲ通貫シ日本海ト太平洋トヲ連絡セシメテ其ノ咽喉ヲ扼《やく》シ国防及ビ産業ノ重大使命ヲ荷フニ至ルベク而シテ是レ実ニ本社ノ本懐トスル所ナルベシ

茲《ここ》ニ本社ノ沿革ト使命完了トヲ石ニ刻ムハ信濃鉄道株式会社ヲ永遠ニ記念スル所以《ゆえん》ナリ

昭和十二年十一月十五日

鉄道大臣従三位勲二等中島知久平

文部省属託従五位勲六等

岩垂憲徳　書

【編集部補筆】 信濃鉄道の当初の起点は松本市（現・北松本）駅。3ヵ月後に南松本（現・松本）駅で貨物営業を開始し、翌大正5年9月に松本駅として旅客営業が始まった。

今井五介は、岡谷の製糸王・片倉兼太郎（初代）の実弟。片倉製糸松本工場長だった当時、本業が傾いて社長を辞めた大阪の実業家・才賀藤吉の後に請われて社長に就いた。工事を片倉直営で行うなどの手腕を振るい、一時雲行きの怪しくなった信濃鉄道の開業を実現させた。

大糸線の全通

大糸線の前身である信濃鉄道が信濃大町まで開通したのは大正5年（1916）であった。それ以北は国鉄で建設することになり、信濃大町—簗場《やなば》間が昭和4年（1929）9月開通、逐次延長されて、10年（1935）11月に中土まで通じた。これを大糸南線といい、蒸気機関車牽引の客貨混合列車が運転されていた。一方、糸魚川方面から進められていた工事は、昭和9年に根知まで、翌年には小滝まで開通、これを大糸北線といった。

松本—信濃大町間の信濃鉄道が同12年（1937）6月1日、国鉄に買収されたため、大糸南線はこの区間を含め松本—中土間となった。中土と小滝の間の未開通区間はわずかだったが、太平洋戦争のために工事が長びき、南線は中土で、北線は小滝で折り返し運転をしていた。

当初は南北線全通の目標年次を昭和15年として工事を進めていたが、難所が多く、工事中は姫川の氾濫で流されたり、崩落に遭ったりで、なかなか予定どおりには進まなかった。ようやくすべてのトンネルや鉄橋が完成したのは昭和18年

北小谷駅での全通祝賀行事。記念列車を迎える住民ら（昭和32年8月）

（１９４３）であった。ところが、戦争が激しくなり、工事は中断されてしまった。さらに、戦争用資材不足で金属が徴発されることになり、翌19年にはせっかく建設された線路や鉄橋は撤去回収されてしまった。

昭和20年に戦争は終わった。だが、敗戦の痛手は大きく、大糸線の工事は何年も放置されていた。この線の全通工事の復活が認められたのは同27年（１９５２）の国会だった。その年の10月から、荒れるに任せていたトンネルの整備や鉄橋の建設にとりかかり、５年後の同32年（１９５７）８月15日、中土―小滝間17・７キロが完成、営業運転を開始した。

中土、小滝まで通じたのは、昭和10年末のことだから、この間の全通には22年近い歳月を要したことになる。北小谷駅も、姫川温泉の下車駅・平岩も、その時ようやく開業になった。

全通当日の信濃大町―北大町間。蒸気機関車が引く記念列車を歓迎し、見物する沿線の人たち。ヘリコプターも飛んでいる（昭和32年8月）＝鉄道博物館提供

風張山大崩落事故記念碑

▼北安曇郡小谷村千国（白馬大池―千国間）

対岸の崩落土砂が線路を覆う

姫川の中流を川沿いに切り開いて敷設された大糸線は災害の多発地帯で、水害、地すべり、雪害などによる不通事故は、枚挙にいとまのないほどだった。

風張山大崩落事故記念碑。線路に沿って立つ（底本刊行当時撮影）

それらの災害事故のうち、最大の被害を出したのは昭和14年（1939）4月21日午前9時半に発生した小谷村千国親沢の姫川右岸風張山《かざはりやま》山腹の大地すべりだ

土砂の崩落や、それによって一面湖と化した様子を伝える信濃毎日新聞紙面（昭和14年4月22日）

った。『小谷村鉄道五十年の歩み』によると、雪解けにより緩んだ地盤の大崩落で、大糸線の線路は西に押し出され延長250メートルにわたって線路上高さ50メートルの土砂に埋没した。崩落した土砂は650万立方メートルにも達した。姫川はせき止められて一面湖となり、湛水《たんすい》面積は30万平方メートル、湛水の影響は上流1500メートルにまで及び、この事故による大糸線の不通は193日間にわたった。

本格的復旧工事はその年10月25日に始まり、約1年を要して、15年10月28日にようやく完成した。その記念の碑が、崩落の跡を今に残す風張山を眼前にした事故現場（白馬大池—千国間）の線路脇に立てられている。

その記念碑には上部に「記念碑」とあり、事故と工事の概要について次のように彫り、下部に工事関係者名を刻んである。

【碑文】

記念碑

姫川沿域古来ヨリ地辷《すべ》リ頻也昭和十四年四月二十一日風張山大崩ス崩落土砂無慮六百五十万立方米《メートル》河水ノ堰《せき》ル将ニ廿有餘時間宛然《えんぜん》湖ヲ作テ鉄道ヲ没ス幸人畜ニ死傷無シ

ト雖《いえども》急遽《きゅうきょ》復旧本部ヲ設テ策ヲ樹ツ即應急工事ニ次ギ本格ノ復旧工事ヲ始ム時ニ昭和十四年十月二十五日也復旧線路総延長千七百米餘工費又三十二万圓ヲ超エ今年十月二十八日ヲ以テ約一歳ノ難工ヲ完成ス茲《ここ》ニ工成ルヲ記念シテ此ノ碑ヲ建ツル也

昭和十五年十月

長野保線事務所長
従六位　川又久夫　書

(下部に)
工事関係者
松本保線区長
技手　石井増五郎
工事掛
技手　越後　実
請負人
外十二名

相模組
相模　三蔵
同代人
白沢　唯

【編集部補筆】 本碑は線路沿い（南小谷に向かって左側）の林の中にある。碑に近づく道はない。車窓からは下り列車で千国駅に着く直前、左手に見える。

南神城駅設置記念碑

▼北安曇郡白馬村神城（南神城駅前）

地元村長が自費投じて奔走

信濃大町以北の大糸線沿線は豪雪地帯で、戦後、スキー場が次々に開設された。南神城駅のすぐ裏手にも佐野坂スキー場が設けられているが、このあたり一帯は農村地帯で、大糸線が開通した時点では、ここに駅は設けられなかった。

現在の南神城駅設置に献身的な努力をした人は、元神城村長の長沢紀代司だった。満州で事業に成功し、帰郷後に村長となった人だが、村域が広いため駅がないことは不便であるばかりでなく、村の経済文化の面でも影響が大きいと、自費を投じて東奔西走し、許可を得た。こうして昭和17年（1942）12月5日、開駅にこぎつけたのである。

記念碑は駅入口の道端に立てられている。これは長沢翁の頌徳碑を兼ねたもので、碑面上部に記念碑とあり、次のように経過を刻んである。

【碑面】
南神城駅設置功労者
長沢紀代司翁
請願　昭和十七年四月十七日
許可　昭和十七年十月三十一日
開業　昭和十七年十二月五日

駅設置経歴
神城村は地域広き為一駅にては不利不便尠なからず村経済文化に至大の影響あるを痛感し茲《ここ》に南神城駅設置が強く要望せられ村当局より関係各大臣に設置方を請願すると共に長沢紀代司翁は自費を投じ之が実現の為関係方面に東奔西走の結果愈々《いよいよ》設置の許可を視該工事費全額を村に寄付し茲に開業の運びとなり従来の不利不便は悉く《ことごと》解消し本村発展の為至大の貢献をなす

扁額　国務大臣内閣官房長官　増田甲子七題

【編集部補筆】南神城駅は、国鉄の分割民営化で移管されたＪＲ東日本のエリア内では最も西に位置する。ホームには「ＪＲ東日本最西端の駅」を示す標柱が立つ。

広い駅前広場の一角に立つ南神城駅設置記念碑

南神城駅（平成21年4月)。単式の簡素な駅だが、ホームには「JR東日本最西端の駅」標柱が立つ

小海線

小海線

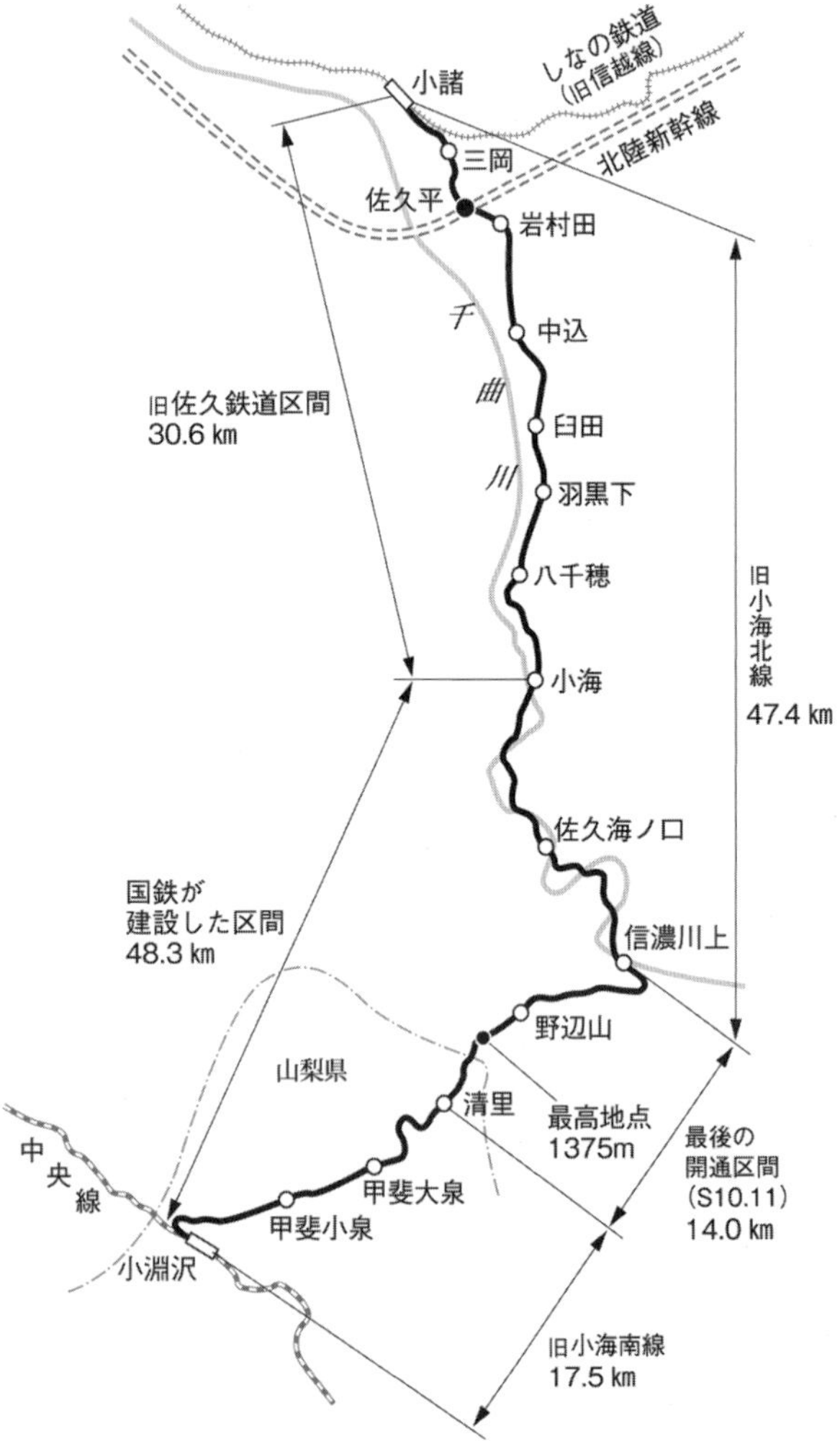

しなの鉄道
(旧信越線)
北陸新幹線
小諸
三岡
佐久平
岩村田
千
曲
川
中込
臼田
羽黒下
八千穂
小海
佐久海ノ口
信濃川上
野辺山
最高地点
1375m
清里
甲斐大泉
甲斐小泉
小淵沢
中
央
線
山梨県
旧佐久鉄道区間
30.6 ㎞
国鉄が
建設した区間
48.3 ㎞
旧
小
海
北
線
47.4 ㎞
最後の
開通区間
(S10.11)
14.0 ㎞
旧小海南線
17.5 ㎞

三岡停車場建設記念碑

▼小諸市森山（三岡駅前）

名士・塩川一郎の熱意通じる

佐久鉄道建設の計画がもちあがった時、発起人のひとりであった旧森山村の多額納税者・塩川一郎は、村の中に鉄道を通し駅を設けたいと努力したが、村人の賛成を得ることができなかった。そのため佐久鉄道は、旧御影《みかげ》新田村との境に近い村のはずれを通ることになった。大正４年（１９１５）８月の小諸―中込間の開通時には、この三岡《みつおか》駅はまだ設置されず、乙女駅の次は、現在の三岡駅が位置する南側に土橋《どばし》停留場、次いで市村、中佐都、岩村田と続いた（市村は後に廃止された）。

鉄道が開通しその利便が分かってくるにしたがい、鉄道建設に反対だった村人たちも認識を改めた。三岡近在は野菜・果実の生産地だったので、その発送に鉄道を利用したい、それには停車場が必要だ――と、駅設置を希望する声が高まってきたのである。塩川一郎はかねての念願だったことから、寄付を募り、実現可能な最も近い場所に――と、建設に努力した。その結果、土橋停留所の昇格という形で三岡駅を設けることが決定され、大正14年（１９２５）４月14日に開設の運びとなった。駅名は当時の村名をとった。

三岡駅（平成8年12月）。開業当時からの駅舎だったが、平成14年に簡易駅舎となった＝西崎章夫氏提供

駅の向きに固執した理由

三岡村民は、駅建設に全面的に協力した。駅開設の際、佐久鉄道は国道１４１号に面して駅を設ける計画を立てた。ところが、それでは村が駅の裏になってしまうと、協力した森山区はじめ村の人びとは駅を村側に向けるよう強く主張した。佐久鉄道でも地元の意向を無視できず、現在のように国道に背を向けた駅とした。

村人が駅の向きに固執したのは利用上の便もあったが、駅東方の南大井村などに対する意識的な思惑があったからでもあった。すなわち、三岡村では駅の建設に積極的に協力しているの

駅舎南側に立つ三岡停車場建設記念碑

に南大井村は非協力、そんな村の方へ向けるわけにはいかない――という考えのようであったが、それだけでは胸の内がおさまらず、駅の東側に土手を築いて同村民の鉄道利用を妨害したという話も残されている。

駅舎の前に、当時の司法大臣で、後に鉄道大臣になった小川平吉の書になる立派な記念碑が建てられている。碑の表に「三岡停車場建設記念碑　正四位勲二等小川平吉書」とあり、裏面に、出資者名と金額が刻まれている。三岡村３７５０円、森山区１０００円、個人では最低2円くらいまでだが、その中で塩川一郎２０００円と刻まれており、際立って多額の寄付をしたことが目をひく。駅用地も塩川家分家の土地を寄付したといわれ、塩川が鉄道敷設以来、駅設置にいかに情熱を傾けてきたか、この事実からもうかがい知ることができる。

小海線鉄道期成同盟会の碑

▼佐久市中込（橋場公園内）

隣県とも協力――小海以南は国が建設

小海線の前身は私鉄の佐久鉄道である。明治の末、この地方の有力者・大井富太、木内吾市らが主力になって、軽便鉄道法による蒸気鉄道の建設を計画したのがきっかけで、大正3年（1914）5月に会社が創立され、翌4年8月に小諸―中込間が開通、その後も逐次延長されて同8年（1919）には小海まで通じた。

会社創立当時の佐久鉄道は、この鉄道を中心にして、日本海側と太平洋側を結ぶ「中部横断鉄道建設」という雄大な構想を持っていた。ところが、大正9年の金融恐慌に遭遇し、これらの計画は夢と消え去った。

私鉄では実現に難点があると、地元有志による「小海線鉄道期成同盟会」を結成し運動を展開したところ、同11年（1922）に一部改正公布された鉄道敷設法の中に、予定線として「長野県小海町付近から山梨県小淵沢に至る鉄道」があった。同盟会では絶好の機会と、近県有志と諮り、この鉄道の1期線編入運動を起こした。富士見町出身の小川平吉の実地踏査を受け、東京で5県連合大会を開くなど奔走した。その結果、この予定線は1期線に編入され、大正12年（1923）7月の鉄道省建設局長・八田嘉明による実地踏査を経て着工となった。しかし、加藤高明内閣に変わると突如工事は中止されてしまった。同盟会では落胆したが、それに屈せず、山梨・静岡県の有志を糾合して運動を続けた。

その後、長い年月を経てようやく念願がかなった。小海以遠は国鉄で施工することになり、昭和7年（1932）12月には佐久海ノ口まで開通した。同9年9月1日、佐久鉄道は国鉄に買収され、既設の小海―佐久海ノ口間を含め、小諸―佐久海ノ口間が小海北線となり、翌年1月には信濃川上まで延伸された。一方小淵沢側は、昭和8年7月に小淵沢―清里間、つまり小海南線が開通。これが昭和10年（1935）11月29日、信濃川上―清里間の開通で北線・南線が直通し、小海線全通となった。

中込に記念碑建立

小海線は同盟会結成以来、実に15年の長い歳月を経て全通した。その完成を喜んで昭和13年（1938）、記念の碑を千曲川右岸にある中込町の橋場公園の一隅に建てた。

信濃毎日新聞

南北信の新動脈

朝かに鼓動を打ち始む

小海線全通

濃霧を衝いて處女列車

甲信感激の握手

會場の小海・昂奮歓喜の坩堝

畫期的事業遂に完成

一番乗りを競ふ

野辺山駅で鍛手のタブレット交換

沿線たゞ感激の色

大糸南線開通

白馬山麓の昂奮

沿線村を挙げてウエルカム

中土、南小谷へ初列車

天皇陛下

けふから

小海線全通の様子を伝える信濃毎日新聞紙面（昭和10年11月30日付）。同日の大糸南線開通の様子も報じている

八ヶ岳連峰をバックに野辺山高原を行くC56蒸気機関車牽引の客車列車（昭和45年7月）＝小西純一氏提供

当時の関係者の喜びのほどがしのばれる威容の碑だが、これを囲む石柱も、今は4本を残すのみで7本はその跡をとどめるにすぎず、時代の推移とともに、当時の感激も忘れ去られようとしている。

その碑面には、中央に「小海線鉄道期成同盟会の碑」と大書し、

枢密院議長正二位勲一等男爵

平沼騏一郎書

——とあり、裏面に建設の経緯と関係者の氏名が刻まれている。

【裏面の碑文】

元佐久鉄道株式会社ノ社線ハ小諸小海間ヨリ更ニ山梨県ニ延長スル予定デアッタガ偶々《たまたま》彼ノ大正九年ノ大恐慌ハ遂ニ設計書ヲ画餅ニ帰セシメ斯《しばらくし》テ其處ニ勃然結成ヲ見タノガ即《すなわ》チ小海線鉄道期成同盟会デアル已《すで》ニ私設鉄道ノ延長計画ガ望ナシトスレバ結局省線ニ依ルノ外ナク茲《ここ》ニ此運動ガ開始サレタノデアル大正十年原内閣ノ下ニ初メテ

小海線の中核駅、小海駅の構内（昭和58年4月）

小海線鉄道期成同盟会の碑。千曲川を背にした右岸の公園内に立つ

鉄道敷設法ガ生レ翌十一年加藤友三郎内閣ニ至ッテ該法成立シ更ニ全国ニ亘ッテ百四十九ノ予定線ガ発表サレタ我小海線亦其中ニ加エラレタノデアル然《しかれど》モ其実現ハ果タシテ何レノ日ヲ期スベキカ前途茫洋寔《まこと》ニ百年計画ヲ嘆ゼシメラレタ而《しこう》シテ政府ハ右予定線中ヨリ小数ノ第一期線ヲ擇《えら》ンデ敷設スルコトトナッタノデ期セズシテ一期線獲得ノ猛運動ガ全国一斉ニ起ッタ乃《すなわ》チ同盟会ハ更ニ一期線ノ金的ヲ目指シテ路線ニ関聯セル山梨静岡群馬新潟各県ノ有志ニ呼ビ掛ケ五県聯合ノ名ヲ以テ運動ヲ続行シタ同年八月支援者小川平吉ノ実地踏査ガアリ越エテ十一月吾等ハ東京ニ五県聯合大会ヲ開イテ根津嘉一郎氏ヲ座長ニ宣言決議ヲ行ヒ以テ四方ニ奔走シタ篠原委員長ガ鉄道省ノ門ヲ潜ルコト実ニ無慮一百回　斯《しばらくし》テ十二月二十日全国ノ運動白熱化ノ中ニ開カレタ鉄道会議ハ第一期線十二第二期線十三ヲ決定シ小海線ハ正ニ第一期線ニ加ヘラレタ而《しか》シテ此《この》建設予算六百二十万円十箇年計画デアッタ越エテ十二年七月建設局長八田嘉明氏ノ実地踏査ヲ経テ愈々《いよいよ》起工式ガ挙ゲラレタガ着工僅《わずか》ニ一年ニシテ加藤高明内閣ノ成立ニ遭ヒ突如工事中止ノ運命ニ陥ッタ乃チ同盟会ハ山梨静岡両県ノ有志ヲモ糾合シテ十三年十一月静岡県清水市ニ小海線工事継続要望大会ヲ催シ次イデ十二月東京ニ三県聯合大会ヲ開イテ政府ノ鉄道既定計画変更政策ニ絶対反対ノ決議ヲナシ百方運動ニ陳情ニ具《つぶ》サ

ニ苦杯ヲ満喫シタ而《しかれど》モ次ノ若槻内閣亦《また》其ノ政策ヲ踏襲シ小海線ハ當ニ打切ノ危殆《きたい》ニ瀕シタ是ニ於テ吾等ハ十五年二月鉄道協会ニ五県聯合鉄道問題大会ヲ発企開催シ以テ頽《たい》勢《せい》ノ挽回ニ努メタ偶々《たまたま》之ニ先ダッテ十四年九月篠原委員長ガ衆議院議員ニ当選シソノ斡旋《あつせん》ニヨッテ陳情ニ請願ニ大ニ便宜ヲ得茲《ここ》ニ積年ノ努力ハ漸《ようや》ク酬イラレテ昭和十年十一月遂ニ我ガ小海線ノ全通ヲ見タ同盟会創立以来実ニ十有五年デアル其間委員長篠原氏ヲ始メ幾多ノ物故者ヲ見俯仰《ふぎよう》感慨転《うたた》無量ナルモノガアル乃チ茲ニ小史ヲ叙シテ石ニ勒《ろく》シ以テ記念スルモノデアル

小海線鉄道期成同盟会
委員長　篠原　和市
副委員長　川上　硯一郎
同　高見沢庄一郎
常任幹事　伴野　清市
同　小林　栄重
委員　（三十三名　略）

昭和十三年十一月

伴野清市　撰

木内敬篤　書

ＪＲ最高地点

中央線小淵沢と信越線の小諸を結ぶ小海線は高原鉄道として親しまれている。小淵沢駅を出て、鳳凰、甲斐駒、鋸岳など南アルプス連山を背に、遠く富士山を望むことができ、車窓近くに八ヶ岳が迫るその景観は、高原鉄道の情趣を満喫させてくれる。

小海線が開通するまでは、中央線の富士見駅の標高955・679メートルが国鉄線第1位だったが、今順位はぐんと落ちた。現在のＪＲ最高地点の駅は野辺山駅で、その標高は1345・675メートルである。以下、

2位　清里　1274・694メートル
3位　甲斐大泉　1158・158メートル
4位　信濃川上　1135・300メートル
5位　佐久広瀬　1073・546メートル
6位　甲斐小泉　1044・210メートル
7位　佐久海ノ口　1039・308メートル

8位　海尻　1034・819メートル

——と、1000メートルを超える駅が8位まで続いている。

またJR線の最高地点は野辺山−清里間で、1374・906メートル。

JR最高地点に立つ標柱と鉄道最高地点神社

野辺山駅や最高地点周辺には、標高等を記した碑や標柱が多い（野辺山高原日本鉄道最高地点碑）

第3甲州街道踏切脇に「日本国有鉄道最高地点」の標柱が立てられていた。昭和51年11月の建立で老朽化したことと、JRに変わったことでもあるので、JR長野支社では平成元年（1989）10月1日、新標柱に建て替えた。銘は「JR鉄道最高地点」とあり、従来の標柱（高さ4・5メートル、直径0・9メートル）よりさらに大きく、高さ6メートル、直径1・1メートルの堂々たるものである。国鉄OBで書家の保坂登（露洗）書、彫刻は東部町の近喰和夫の手になる。

【編集部補筆】 JR最高地点は、野辺山駅から南へ2キロ。標柱の脇には、地元有志が平成17年（2005）に観光目的で建てた「鉄道最高地点神社」があり、蒸気機関車C56の前輪や、線路の犬くぎが祭ってある。線路の反対側には、〝幸せの鐘〟が付いた「野辺山高原　日本鉄道最高地点」の巨大な碑もある。

なお、富士見駅の標高はJRでは10位（9位は松原湖駅の967・169メートル）。信越線のしなの鉄道移管以前は、信濃追分駅（955・499メートル）が10位だった。

小川平吉顕彰碑

▼山梨県北杜市小淵沢町尾根（小淵沢駅裏）

官営で建設――分岐は小淵沢に

佐久鉄道株式会社の設立には、長野県側からは大井富太、木内吾市、黒沢睦之助らが、山梨県側では、小淵沢村の宮沢三雄が名を連ねていた。

この鉄道は、大正3年（1914）に小諸から着工されたが、大正中期の金融恐慌や昭和初期の不況により、当初計画したとおりには進まなかった。

『小淵沢駅沿革誌』に「官設をもって小海線完通を推進し、また中央線との接続駅を小淵沢にすべく、当時県会議員でもあった宮沢三雄を中心にして積極的な運動を行なった」とあるように、山梨県側は地元県議を中心に、小淵沢、篠尾両村が村を挙げての運動を展開した。それらの成果もあって、官営で小淵沢を起点として建設することが決定され、昭和3年（1928）に着工の運びとなった。

小海線の分岐駅について、当時の鉄道大臣小川平吉の出身地である富士見町では、富士

小川平吉顕彰碑。小淵沢駅構内を一望する駅の裏手に立つ

見分岐を強く主張し働きかけもしたというが、そのルートではいくつかの橋梁やトンネルが必要となり、工事費の点からも難点があった。そのため、小淵沢分岐に決定したものの、鉄道の構造上からみると限界の、半径200メートルで右旋回し、甲斐小泉までわずか7・1キロの間に158メートル上るという工法をとることになった。

小海南線・清里までの工事のうち、第1期は昭和3年5月16日に着工、同5年（1930）3月16日竣工している。その後、第2期工事は昭和7年12月20日着工、同8年7月19日に竣工して、7月27日に営業を開始した。

富士見出身の鉄道大臣を顕彰

官営により小淵沢分岐として建設できたことは、ひとえに小川平吉鉄道大臣の力によるものとして、小淵沢駅裏手の丸政弁当店の近くに、その功績をたたえる顕彰碑が建立された。

小川平吉は明治2年（1869）、長野県諏訪郡御射山神戸村《みさやまごうど》（現富士見町）の生まれで、東京帝国大学法科大を卒業して弁護士となった。明治36年（1903）衆議院議員に初当選して以来当選9回、大正14年（1925）に司法大臣、昭和2年（1927）には鉄道大臣を務め、小海線建設についても力があった。

建てられた顕彰碑には、正面上部に「亮天功」とあり、小川平吉の肖像（横顔）を彫り込み、その下に小海線建設に関する功績とともに、力を尽くした中央線電化（昭和6年4月の八王子―甲府間）の功績について綴《つづ》られた碑文が刻みこんである。

碑末尾に、

昭和十六年巳年十月

武蔵　高田集蔵　撰

甲斐　名取忠愛　書

――とあり、裏面に発起者名が刻まれている。

碑前に石灯籠が建てられ、玉垣がめぐらされているが、その玉垣は昭和32年に建てられたもので、発起人、賛助員、請負業者名が刻まれている。

【編集部補筆】 小川平吉を顕彰する小海線関係の碑では、清里駅近くの神社境内に「小海線全開通三十周年記念」の碑が立つ。小川と八田嘉明（鉄道省次官や大臣などを歴任）の謝恩碑建設会が昭和39年（1964）10月に建立。「太平洋と日本海を結ぶ最短距離産業線として建設」「高原鉄道の建設は実に容易ならぬ苦難の連続」などとし、全通とその後の沿線の発展を「二人の遺徳」としてたたえている。

清里駅近くに立つ全開通三十周年記念碑＝酒仙の会提供

飯田線

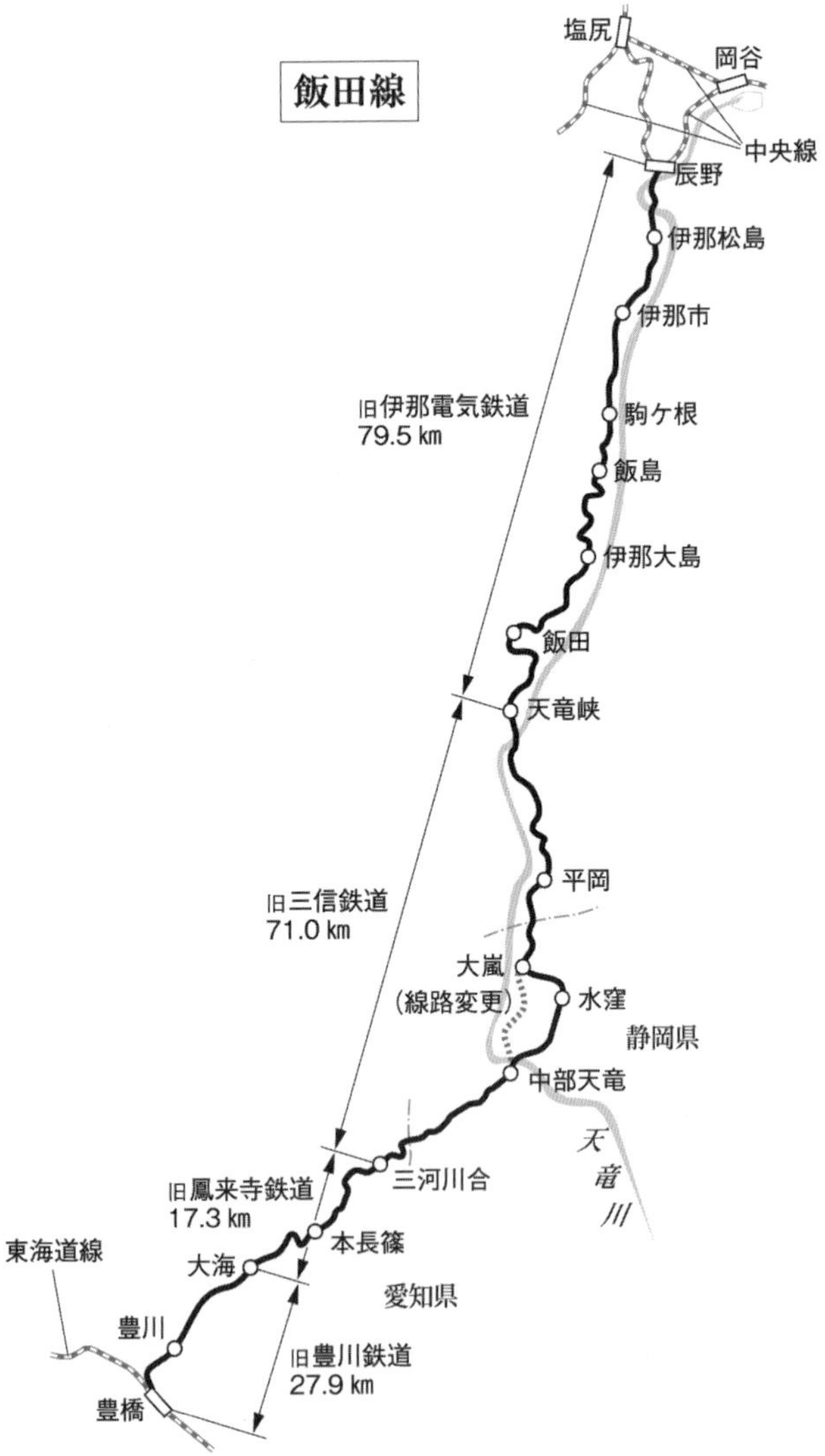
飯田線
塩尻
岡谷
中央線
辰野
伊那松島
伊那市
旧伊那電気鉄道
79.5 ㎞
駒ケ根
飯島
伊那大島
飯田
天竜峡
平岡
旧三信鉄道
71.0 ㎞
大嵐
(線路変更)
水窪
静岡県
中部天竜
天
竜
川
三河川合
旧鳳来寺鉄道
17.3 ㎞
本長篠
東海道線
大海
愛知県
豊川
旧豊川鉄道
27.9 ㎞
豊橋

伊那田島駅の碑*

▼上伊那郡中川村田島（伊那田島駅前）

駅を愛した地元ＯＢが建立

飯田線の前身である伊那電気鉄道がこの地に鉄道を敷設する時、国道１５３号沿いに所在する田島の集落を通る計画だった。が、地元の反対で段丘上を走ることになったため、村から離れ、その頃は一面松林だったところに小さな駅が設けられた。それが伊那田島駅。

この駅は、伊那電時代から業務委託駅だったが、終戦後に委託人が辞退し、一時職員が派遣されて乗車券を発売したこともあった。その後、新しく委託を受けた人が、かつて伊那電に勤めたことのある宮

伊那田島駅（昭和58年1月）。風景や駅周辺は今もあまり変わらない

ホーム南端の出入り口脇に立つ伊那田島駅の碑

内富夫。昭和24年（1949）6月末、駅に近接する場所に自宅を建て、同年10月1日から、伊那田島駅の乗車券委託販売を始めた。長年業務に携わったが、昭和46年、飯田線の営業近代化に伴って11月末限りで業務委託は廃止され、駅は停留場となった。

昭和51年（1976）3月1日、地元中川村長が会長となり「伊那田島駅を守る会」が発足。宮内が幹事となって会の運営に当たっていたところ、昭和57年10月14日、静岡鉄道管理局長から表彰を受けた。昭和59年（1984）1月、伊那田島駅のトイレを中川村で管理することになったが、その管理は宮内が無償で当たって来た。

伊那電に勤め、後年は乗車券発売の業務委託、さらには先述のように積極的に駅の管理に当たった宮内は平成9年（1997）秋、駅入り口に記念碑を建てた。

碑の表面に、

伊那田島駅
開業　大正九年十一月
二十二日
海抜　六三六・六米
平成九年十一月三日建之

——とあり、裏面に、

赤石に上る太陽
木曾に入る
青空高し　田島高原
富夫

——と詠んだ。作者の同駅に対する深い愛着がにじみ出た記念碑である。

伊原五郎兵衛頌徳碑

▼飯田市元町（飯田駅前）

先代からの悲願――民営鉄道

中央線を誘致することができなかった伊那谷に、民営鉄道敷設の動きが急速に高まった。飯田の漆器業・近江屋伊原五郎兵衛は、伊那谷が交通機関に恵まれないことを嘆き、その計画に当初から参画、創立委員のひとりとして明治28年（1895）12月に資本金100万円で伊那電車鉄道株式会社を設立し、内務大臣に願書を提出した。これに対し、同30年2月に特許状が下り、株式の募集を開始したが、予期した賛成を得ることができず、ついには中止のやむなきに至った。

五郎兵衛の三男・恒次は、明治13年（1880）10月8日の生まれで、父が民営鉄道事業のため東奔西走する姿は少年であった恒次の心に強く焼きつけられたが、その事業の半ばで五郎兵衛は病没してしまった。その後を継ぐべき長兄・広司が、日露戦争の旅順の戦いで戦死したため、同39年（1906）、恒次は兄嫁きぬと結婚し、家業を継いで五郎兵衛を襲名した。そして、民営鉄道建設という父の遺志も継ぐことになったのである。

生涯を伊那谷の交通にささげる

日露戦争が終わって戦勝ムードの中、伊那電建設推進の機運が高まり、明治39年（1906）に資本金150万円で伊那電車軌道株式会社が設立された。これに先代の遺志を継いだ五郎兵衛が参画した。同40年9月に創立総会を開き、翌年3月に工事許可を出願、その年の9月に許可された。第1期線は辰野―伊那町間でその工事に着手、同42年（1909）12月28日に辰野（西町）―松島間に初めて電車が運転された。しかし運輸収入は少なく赤字だったことから五郎兵衛は辰野の事務所に勤め、経営に専念した。経費の節約を励行し、時には袴《はかま》姿で改札業務に当たったり、駅夫ともども構内の清掃をしたり……など、多くの逸話を残している。

なお、当時の社長は松本出身の辻新六であった。彼は貴族院議員を務めた男爵で、文部次官なども歴任して我が国教育界に功績のあった人物である。伊那谷住民の交通上の悲運に同情し、先代五郎兵衛らと当初からこの事業に参画していた。

伊那電車軌道は大正8年（1919）に伊那電気鉄道となるが、会社創立当初から努力

篭坂トンネル（元善光寺－伊那上郷間）を行く電車。客車が貨車を引いて勾配を上る（大正12年）＝白土貞夫氏提供

してきた五郎兵衛は、大正４年（１９１５）専務取締役に就任、伊那電気鉄道の実質的な中心人物として活躍した。

五郎兵衛は昭和２年（１９２７）の普通選挙の際、推されて衆議院議員となった。その頃、伊那谷の交通問題に貢献した伊藤大八の胸像建立が企画されていたが、五郎兵衛は賛助者として積極的にこれに参画し、名を連ねた。

伊那電気鉄道は、同年12月に天竜峡まで全通したものの、必ずしも営業成績は好調ではなかった。同６年頃の不況に際して、五郎兵衛は私有財産すべてを投げ出したという話もある。天竜峡以南の三信鉄道創立にも携わるなど、五郎兵衛はその生涯を伊那の交通事業にささげたといっても過言ではなかった。

飯田駅前に碑建立

伊原五郎兵衛の頌徳碑を建てることになったきっかけは、昭和26年（１９５１）春、初巡視で飯田を訪れた当時の長野警察隊長が、伊那電気鉄道の大恩人である伊原五郎兵衛の話を聞いたことにはじまった。彼が晩年天竜峡で病臥《びょうが》しているとのことに、「伊那谷の人たちはなんらかの形で氏に酬《むく》いるべきだ。もしそのような計画があったら基金の足しにしてほしい」と、1000円を警察署長に託した。このようなことから「伊原五郎兵衛頌徳碑建設委員会」が組織された。碑を建設する場所として天竜峡も候補に挙がったが、五郎兵衛の出生の地である飯田駅前に決定した。同年12月1日地鎮祭を行い、翌27年1月13日

伊原五郎兵衛頌徳碑。市民有志らの募金によって、市街地の一角から飯田駅前に移された

飯田駅（昭和57年8月）。飯田線全線の拠点駅でJR東海支店も置かれる

に竣工した。

五郎兵衛はこのことを喜び、長男に付き添われて飯田を訪れ、碑の前で記念撮影をした。除幕式はそれより少し遅れて、4月13日に盛大に行われたが、五郎兵衛はその直前の4月3日に天龍峡ホテルで逝去、その式に姿を見せることはできなかった。だが、生前に碑を見てもらい喜ばれたことが、関係者のせめてもの慰めだった。

碑の表には「伊原五郎兵衛頌徳碑　通商産業大臣高橋竜太郎書」とあり、裏面に次のような銘文が刻まれている。


【碑文】

伊原五郎兵衛氏は伊那谷交通開発の功労者なり明治十三年飯田に生れ同三十九年東大法学部を卒業夙《つと》に尚志社の発展に寄与し人材育成に尽瘁《じんすい》せり当時中央西線の路線選定につき二条の候補線あり一は伊那の谷を一は木曾谷を経るものにして両線の沿道住民はその招致運動に狂奔せしが遂に木曾谷経由に決せり茲《ここ》に於いて郷土の先覚者相寄り辰野飯田間私設鉄道敷設の運動を起し氏の先代之に関与し氏亦《また》その後を受けて伊那電気鉄道株式会社の創業に参画し爾来《じらい》東奔西走之が建設経営に渾身《こんしん》の努力を致すこと二

十年遂に昭和二年十二月辰野天龍峡間八十粁《キロ》に亘る電気鉄道を完成せり更に三信鉄道敷設の難工事に尽力しかくて表裏日本短路連絡を見るに至りたるすべてこれ氏の卓越せる識見と手腕とによるものにして郷党等しく感激するところなり茲《ここ》に有志相謀り文を選び石に勒《ろく》して氏の偉大なる功績を永く称《たた》えんと云爾《しかいう》

昭和二十六年十一月三日

伊原五郎兵衛頌徳碑建設会

碑の日付は昭和26年11月3日になっているが、坂下広士著『伊那谷交通問題の今昔』によると実際の建設は前記のとおり。この頌徳碑はその後都市計画の一環として行われた駅前整備拡張やバス停留所設置などで、昭和51年（１９７６）に東和町の緑地帯に移されている。伊那電気鉄道育ての親の頌徳碑であるので、駅構内にあってこそ意義があるとの市民の声もあり、駅構内に戻すことも検討されているという。

【編集部補筆】 本頌徳碑は平成22年（２０１０）２月、東和町からＪＲ飯田駅前（バス発着所前のロータリー緑地帯）に移設された。市民有志らが平成20年から「移転する会」をつくり、移設経費の募金などを行い、実現させた。

伊那電車軌道

飯田線の前身である伊那電気鉄道は、その発足当初は「伊那電車軌道」と呼ばれて、一部県道上を走っていた。辰野西町を起点とし、横川川を伊那富橋のすぐ上流に架けられた木橋で渡り、西に進んだ。宮木郵便局角の宮木の停留所を左折して、三州街道の東側を通って、新町、神戸《ごうど》下へと続いた。羽場からは県道をはずれて、東の裏通りを南進し、再び県道に出て、沢上から段丘を斜めに通って大出下の停留所、岡谷街道を過ぎ、追分から現在の路線で松島に至った。

その頃の電車は木造のトロッコのような電車で定員32人、最大時速は13キロ、辰野西町―松島間5マイル35チェーン（8・8キロ）を走るのに40分を要した。チンチン電車と呼ばれ、

向こうに見えるは伊那電車
前に立つのが運転手
後ろに立つのが車掌さん

出ますよチンチンチン

大出下《おいでした》の停留所

——などと歌われ親しまれていた。

だが、馬力が小さく、羽場坂や大出坂では乗客が後を押すこともしばしばだったといわれ、松島を出た辰野西町行き電車が大出下の坂に差しかかると、いたずら盛りの通学生が5〜6人飛び降りて、スピードが落ちた電車を後ろへ引っ張って力比べ。車掌が「この小僧ども」とどなりつけ、やめさせたなどの逸話もあった。

『大正十年県下私鉄十二社総覧』によると、当時は集落ごとに停留所が設けられ、松島、木ノ下、久保、塩ノ井、北殿、南殿、田畑、神子柴《みこしば》、御園、山寺、伊那北、入舟町、伊那町（現在の伊那市）と続いていた。

開通年次は、辰野西町―松島間が明治42年（１９０９）12月28日で、松島―木ノ下間は44年2月17日に竣工、22日に営業が開始された。木ノ下以南については、『国鉄百年史』によると、木ノ下―御園間が明治44年11月3日、御園―山寺間が45年1月18日、山寺―伊那町間がその年の5月11日となっている。

辰野ー伊那町間 停車場・停留場

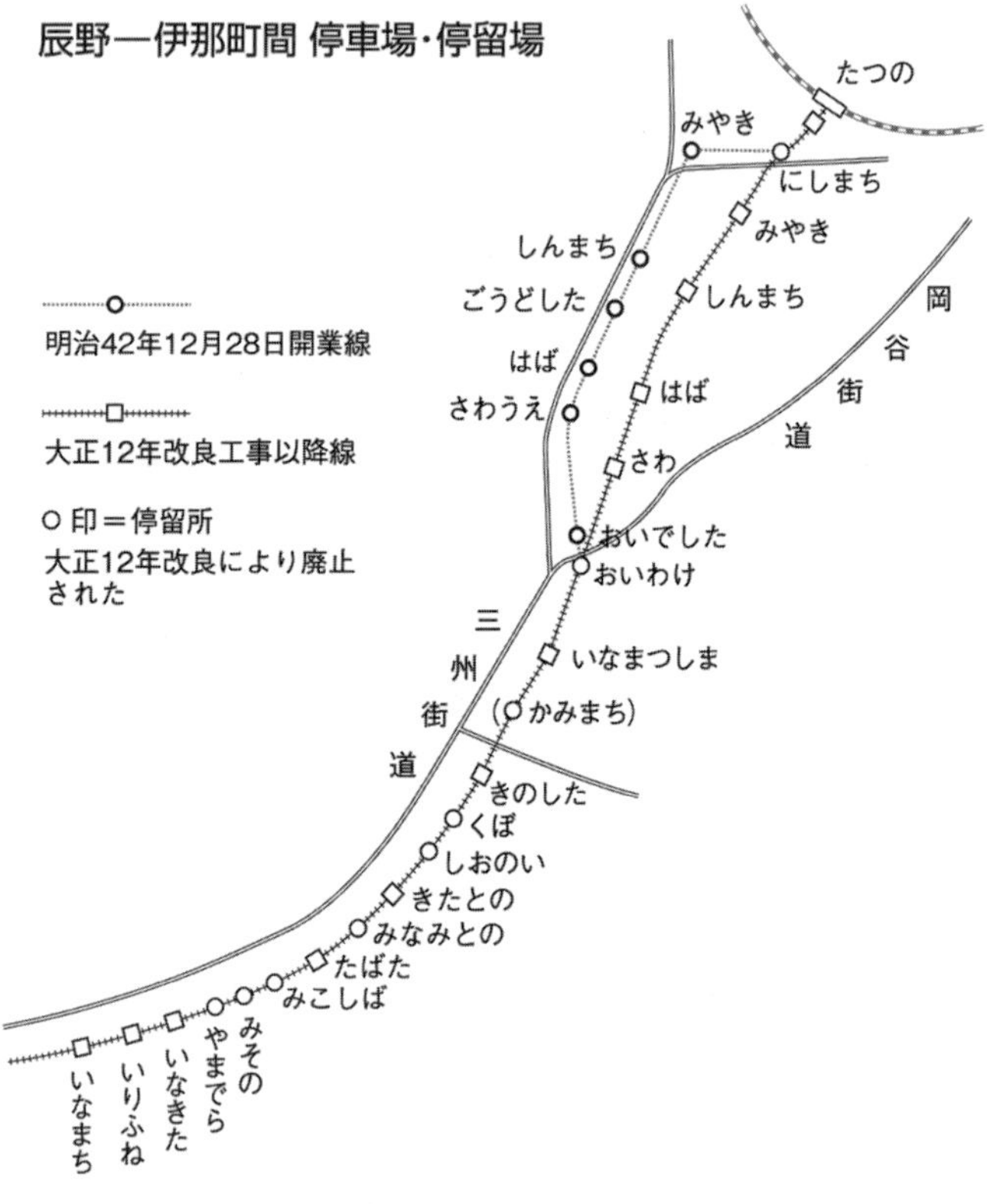

一方、静岡鉄道管理局の資料では、木ノ下―御園生（現在の北殿の近く）間が明治44年1月3日、御園生―伊那北間が翌45年1月4日と記されており、さらに『伊那市史』や『上伊那郡誌』では、木ノ下―御園間は同44年11月3日と『国鉄百年史』と同じだが、御園生―伊那北間は、翌45年1月4日、伊那北―伊那町（現・伊那市駅）が45年5月11日となっている。

伊那市駅の記録や『伊那西町区誌』（80周年記念）によると、伊那町駅は45年9月1日の営業開始となっており、資料によってまちまちで断定しかねる。

伊那市以南については軽便鉄道として敷設し、既設の軌道の区間も、大正12年（1923）軽便鉄道の新線に切り替えられ、伊那電車軌道株式会社は伊那電気鉄道株式会社となった。

発足当初、始発駅を辰野西町としたのは地元に反対されたからだった。伊那電車軌道の開設は、中央線辰野駅開業から遅れること3年、その間、辰野駅は名実ともに上下伊那の門戸となっていった。人力車、馬車、荷馬車は辰野駅を起点として伊那谷の各地へ向かっており、辰野は駅を中心に急速に発展しつつあった。電車が辰野起点となれば、これらの業者をはじめ駅周辺は大打撃を被ることにな

辰野・横川橋上の電車。電動貨車1両と貨車1両が見える（明治42年）＝白土貞夫氏提供

ると、辰野起点に大反対運動が起きた。

　このことについては、開通前の9月に示談が成立したものの、地元の要望をいれて伊那電車軌道は起点を西町とせざるを得なかった。そのため辰野－西町間は、徒歩あるいは人力車で、また荷貨物は荷馬車で中継輸送され、辰野の賑《にぎ》わいは続いた。伊那電の路線が延び輸送量が増加するにしたがって、辰野乗り入れの要望が高まってきたが、乗り換えや積み替えで繁盛していた辰野の町は、乗り入れに大反対の姿勢を崩さなかった。

　この問題はその後も長引いたが、郡長や郡会の仲裁で、7年余の歳月を経て大正5年（1916）にようやく解決し、その年の11月21日に伊那電・辰野駅が開業の運びとなったのである。

大表沢災害事故遭難者慰霊碑

▼下伊那郡泰阜村門島（門島―田本間）

難所が連続した三信鉄道

飯田線のうち、旧三信鉄道の区間（天竜峡―三河川合）は、天竜川に落ち込む急な渓谷や崖の中腹のようなところを縫って走っている。トンネルと鉄橋の連続で、天竜峡―門島間8・3キロに27のトンネル、19ヵ所の橋梁が架かり、最小曲線200メートル、門島《かどしま》―温田《ぬくた》間5・7キロに23のトンネル、14の橋梁、最小曲線は201・17メートルとなっている。これら以南も大同小異で、建設工事は極めて困難だったことがしのばれる。

この測量主任技師は北海道旭川のアイヌの集落の長である川村カ子《ネ》トという人だった。南北両方面から工事を進めたが、天竜峡から南への着工は昭和4年（1929）8月、苦心の末、門島まで通じたのが同7年10月だった。続いての工事も思うに任せずにいたところ、翌同8年、開通を待ちわびる13ヵ村長の連名による早期着工の請願書が、三信鉄道社長のもとに提出された。これに応え、会社側は工事の促進をはかったものの、なにぶんにも険しい地形続きのために、温田まで通じたのが同10年（1935）11月、満島《みつしま》（現・平岡）までが翌11年4月で、ようやく三信鉄道が全通したのは同12年8月だった。

旧三信鉄道の大半の区間は落石の恐れがあり、災害線区として知られていた。特に多い区間とされた天竜峡―湯谷（現・湯谷温泉）間については、その区間を27区域に分け、昼夜にわたって固定警戒員を配置し、事故多発箇所は巡回の警戒を実施していたが、開通以来、水害・落石事故などが多く、記録に残る大事故もあった。

橋梁から電車が転落

門島を中心とする前後の区間も落石が多いところだった。昭和30年（1955）1月20日夜、田本―門島間で電車が脱線して崖下に転落するという大惨事が発生した。その日は昼頃から雨が降り、夕方から小雪に変わっていた。豊橋発赤穂（現・駒ケ根）行きの2両編成の終電車が、田本―門島間の大表沢《おおぴょうさわ》橋梁にさしかかった時、崩れ落ちてきた岩石と土砂に乗り上げて脱線した。

この電車に乗りあわせて遭難した、喬木村の小池計人氏が郷土誌によせた次のような手記がある。

橋梁の上から見た大表沢の電車転落現場（昭和30年1月）

「田本駅を過ぎた頃から電車はスピードを出した。馬鹿に速いなと思った瞬間、ダアーッというもの凄《すご》い音がして、電車が宙を飛んだと思う一刹那《せつな》崖下に落ちた。電気は消えて真の闇、車内は、うなる声・苦しむ声・わめき叫ぶ声……、夢中で這《は》い出し、二〜三センチ積もった雪の中を歩きながら振り向き仰ぐと、前の電車が何かに引っかかって庇《ひさし》のようにのしかかっている……。橋の丸太が電車転落の衝撃ではずれているようだ。そこで救助を待っていると、地元の人たちが来て丸太橋を修理、火をたいてくれた……。」

地元の消防団員などが救助に当たったが、救援の電車が到着したのは23時近くになったという。医師、看護婦も到着、車内で応急手当をして、飯田の病院に収容した。

国鉄職員が慰霊碑建立

この事故で亡くなった人は5名、重軽傷者は28名を数えた。天災による事故とはいえ5名もの尊い命が失われたことは痛ましい限りだと、飯田線内の国鉄職員の中から慰霊碑建立の話がもちあがった。それが具体化し、その年の春彼岸に、事故の現場に建てられた。

その碑は、表に「慰霊碑」と彫り、裏面に次のように刻まれている。

【裏面の碑文】

昭和三十年一月二十日午後九時六分赤穂行電車が落石に乗り上げここに転落す

このとき遭難した五霊を慰めるためこの碑を建てる

昭和三十年春彼岸

飯田線国鉄職員有志

この慰霊碑を訪ねた折、碑の前に、花を供えたのであろう竹筒が2本立ててあった。近くの農家の主婦が「遺族の方、また国鉄の方などがお参りに来られたが、今は訪れる人はほとんどない」と言っていた。

大表沢鉄橋は見上げる高いところに架けられ、その下に渓水が流れている。天竜川に落

大表沢災害事故遭難者慰霊碑。現在は道が荒れ、碑まで行くのは難しい（底本刊行当時撮影）

雨の中、大表沢橋梁の事故現場で行われた慰霊碑の除幕式（昭和30年3月）

ち込む崖の中腹に、門島から温田の方への道「竜東線」が通じていた。その道に電車が転落したのだった。下をのぞくとずっと下の方に天竜川が見える。昔は川の両岸に畑などもあったというが、平岡ダムができてその湛水《たんすい》域となり、細長い湖のようになっている。

その後、竜東線は県道ができて廃道になった。沢に架けられていた丸太橋は朽ちて、辛うじて渡れる程度である。慰霊碑は沢を渡って少し進んだ右手に建っている。かつては唯一の交通路だった竜東線も、今はその先は足も踏み込めないほど荒れてしまっている。

【編集部補筆】以前は定期的に、関係者による慰霊も行われていたが、現在は慰霊碑までの道が荒れ、碑に近づくことは難しく危険な状態。

飯山線

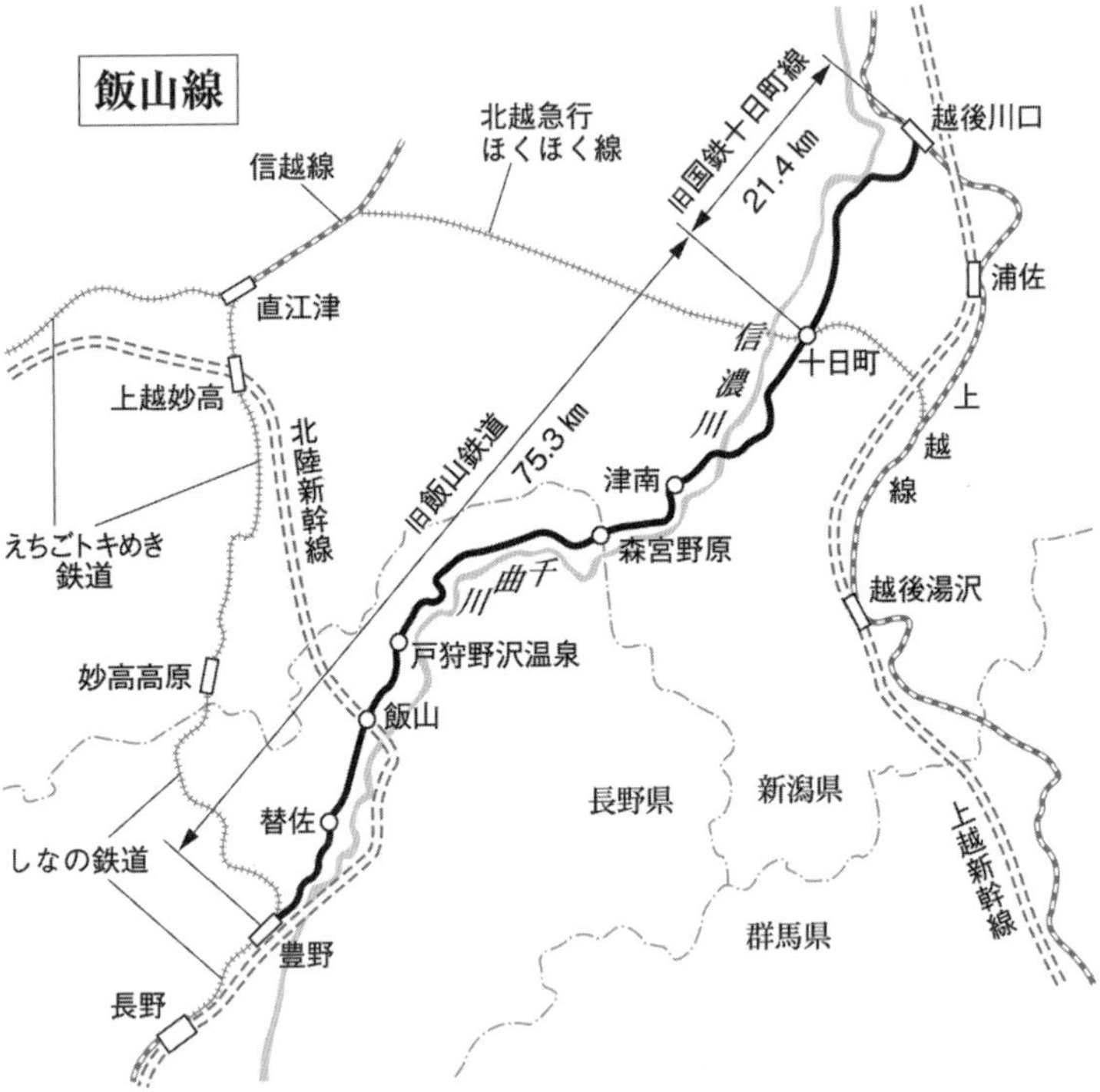

飯山線
北越急行
ほくほく線
信越線
旧国鉄十日町線
21.4 km
越後川口
浦佐
直江津
上越妙高
信濃川
十日町
上越線
北陸新幹線
旧飯山鉄道
75.3 km
津南
えちごトキめき
鉄道
森宮野原
千曲川
越後湯沢
戸狩野沢温泉
妙高高原
飯山
長野県
新潟県
替佐
しなの鉄道
上越新幹線
豊野
群馬県
長野

五島慶太翁碑

▼飯山市飯山（飯山駅前）

当初は鉄道建設に反対

明治初年、飯山の町は千曲川の通船による物資交流の拠点として栄えていた。明治14年（1881）、鉄道頭、鉄道局長などを歴任した重鎮・井上勝が信越地方を視察、飯山にも立ち寄った。だが、当時飯山町民の大半は鉄道建設に反対で、静間、蓮《はちす》などの村々では、反対の陳情書を鉄道庁に差し出すといったありさまだったというから、当然歓迎などはされなかった。その後、一部の先覚者たちによって鉄道誘致の運動も展開されたが手遅れで、信越線は飯山を通ることなく、現在のルートに決まってしまった。

信越線が開通した途端、物資の流通経路も人の流れも変わって、飯山は火の消えたようになった。時代の動きに目覚めた飯山では、新潟県中魚沼郡の有志などとはかり、千曲川沿岸を走る信越中央鉄道を誘致する運動を起こした。だが、それもかなわなかったので、私設鉄道を――と、明治29年（1896）株式の募集を始めたものの、あいにくの経済恐慌で実現できなかった。

西大滝駅（昭和57年5月）。大正12年12月から2年間は飯山鉄道の終点となり、ダム建設の資材輸送の拠点となった

電力開発に貢献した飯山鉄道

飯山鉄道が具体化したのは大正5年（1916）だった。豊野と飯山を結ぶ鉄道の計画を立て、資本金50万円を集めることにしたところ、たちまち60万円が集まり、翌年2月に申請した。この飯山鉄道の創立に際して協力したのが、監督局の五島《ごとう》慶太課長だった。飯山出身で当時宮城県知事であった寺田裕之の斡旋《あっせん》によるものだが、五島らの力添えで鈴木肇技師の調査が行われ、同年5月5日付で認可された。早速町をあげて株式を募集、8月30日に総会を開いて豊野—飯山間の鉄道敷設を目的とする飯山鉄道株式会社が発足、工事に着手した。同10年10月19日に完成し、20日から営業が開始された。

この間、飯山以北から戸狩（現・戸狩野沢温泉）まで延長してほしいとの要請があり、大正8年（1919）8月郡会で10万5000円の補助が議決された。さらには信濃川の水力電気発電工事の資材輸送上必要である——と、大正9年12月15日資本金の3分の2を同社で引き受けて資本金を300万円とし、西大滝まで延長することが決定され、逐次工事が続行された。

五島——私鉄界から運輸大臣へ

旧駅前にあった当時の五島慶太翁碑（平成21年10月）。新幹線駅の南口に移された

飯山鉄道株式会社創立を支援した五島慶太は、明治15年（1882）4月18日、小県郡殿戸村（現・青木村）の小林家に生まれ、群馬県・五島家の養子になった。東京帝国大学法科を卒業し、農商務省から鉄道院に入り、大正9年（1920）総務課長で退官。私鉄の武蔵野電気鉄道常務として私鉄界に入った。五島の活

躍は目覚ましく、才腕を振るって〝大東急〟からさらに各方面に事業を広げ、一大電鉄王国を築いた。そして、昭和19年（1944）には東条英機内閣の運輸大臣を務めた。昭和34年（1959）8月14日に亡くなっている。

飯山鉄道株式会社創立支援に対する謝恩の碑が五島の死の翌年、飯山駅前に建てられた。正面に「五島慶太翁碑」と大書、「昭和三十五年八月　久原房之助九十一歳書」とあり、裏面には、

奉謝鴻恩
明徳院殿慶愛天道剛徹毅翁大居士霊位
昭和三十四年八月十四日御逝宝寿七十九
大正六年五月私設飯山鉄道創立ニ対シ格段ノ援助ヲ蒙《こうむ》ル
昭和十九年六月運輸大臣御時代ニ国有鉄道ニ編入セラル
五島先生遺徳顕彰会　代表者　牧野長蔵為啓

——と刻まれている。

なお、揮毫《きごう》者の久原房之助は山口県萩出身の明治・大正期の実業家であり、昭和３年には田中義一内閣の逓信大臣になるなど、昭和期には政治家としても活躍した。また、建碑の代表者・牧野長蔵は、飯山鉄道株式会社創立当時の副社長だった人である。

【編集部補筆】 ＪＲ飯山線飯山駅は、北陸新幹線飯山駅の開業を控え、平成26年（２０１４）11月に約３００メートル南の新幹線交差地点に移転。新幹線飯山駅は翌27年３月に開業した。旧駅前にあった五島慶太翁碑も、新幹線駅の南口に移設された。

日本有数の豪雪地を走る飯山線。新潟県境に近い森宮野原駅には「日本最高積雪地点」の標柱が立つ（昭和20年２月12日記録の積雪７・85ｍ）

鉄道と通船

鉄道が通じる以前は、千曲川、犀川、天竜川などでは通船が盛んで、重要な交通路となっていた。特に千曲川通船は、善光寺、松代方面の物資集散や、北信一帯への塩および海産物の供給で活躍していた。その基地は飯山であった。鉄道敷設の計画がなされた当時、飯山の人たちはその必要を認めず反対した。だが、信越線が開通すると物資の流通も人の流れも変わって千曲川通船の役割は終わりを告げ、飯山は凋落《ちょうらく》の一途をたどることになった。

一方、信越線が通じると、犀川通船では鉄道との連絡運輸を計画した。青木峠を越える馬車との旅客争奪戦もあったが、明治25年（1892）、犀川の通船会社では時間船を開設した。これは、東筑摩郡松本町から更級郡更府《こうふ》村大字三水《さみず》間に、発着時間を定めて、旅客貨物の有無にかかわらず通船を運航するというものであった。停船場は、松本の新橋、押野、会《あい》、橋本、新町に設け、終点を三水とした。

毎日午前6時に松本を出発、正午に三水に到着した。三水から徒歩または人力車で篠ノ井停車場に出れば、3番の上下の汽車に乗り込むことができた。この、鉄道との連絡運輸は、通船としては画期的な企画だったといえよう。運賃は、松本—三水間が30銭で、開業から5日間は運賃を5割引した。

犀川通船の全盛期、松本市白板にあった船着き場。周囲には船待ちの客のための旅館や料理屋が並んだ

犀川通船発着場跡の碑（松本市巾上）。田川と女鳥羽川の合流点近くにあり、発着場のにぎわいを描いたレリーフがある

民鉄線

上條信頌徳碑

▼松本市新村（上高地線・新村駅東）

松本に私鉄――島々や浅間温泉へ

鉄道の便利さが知れわたるにつれ、県内各地に鉄道敷設の動きが次々と起こった。特に、明治43年（1910）の軽便鉄道法公布という政府の私設鉄道助長策の刺激もあり、大正年代にかけ、私設鉄道の計画が相次いだ。

そのひとつに筑摩鉄道があった。創設者は、東筑摩郡新村（現・松本市）出身の上條信。上條は、明治17年（1884）生まれ、大正2年（1913）に29歳で新村村長となり、同8年長野県議会議員に当選、翌年筑摩鉄道の社長に就任することになった。大正9年（1920）3月25日に、資本金100万円で会社を創立、同10年10月2日に松本―新村間の鉄道営業を開始して、翌11年9月には島々まで延長した。合わせて、筑摩電気鉄道と改称し、工事を進めて電化を完成。同13年（1924）4月19日には浅間線の営業を開始した（浅間線は昭和39年3月31日をもって廃止）。

新村駅に入線する上高地線の電車（昭和34年3月）＝羽片日出夫氏提供

旧新村駅舎の入り口屋根下にあった旧筑摩鉄道の社紋。チが九つ（ク）で丸（マ）を描く（平成20年10月）

社名を松本電気鉄道と改めたのは昭和7年（1932）のことである。現在、バス営業に主力を注いでいるが、バス営業を始めたのは、大正15年（1926）自動車運輸事業を経営の目的に入れ、昭和18年（1943）松本自動車と合併して営業を開始したことに始まる。

実業家・政治家として活躍

上條はさらに、東筑摩郡36ヵ村の電灯敷設にも尽力した。4期にわたる県会議員生活を経て、昭和3年（1928）衆議院議員に当選。戦後の同21年（1946）に再び新村村長に当選した。東筑摩町村長会長、長野県町村長会長にも就任して、地方公共団体の戦後処理などに尽くした。昭和25年（1950）没。

昭和31年、上條信七回忌を迎えるに当たり、松本電鉄をはじめ関係する人びとが発起者となって、頌徳の碑を旧浅間線の路線に面した現在地に建てた。

碑は、向かって右に上條のレリーフを、左上部に「上條信君頌徳　鳩山一郎書」の銅板、その下に次の碑文を刻んだ銅板がはめ込まれている。

筑摩鉄道発祥の地である新村駅近くに立つ上條信頌徳碑

【碑文】

初代社長故上條信君

君人格高潔温厚三十才にして村長となり続いて県会議員四期更に代議士として国政に参与晩年県町村長会長に推され地方自治に貢献すること多年此間松本電気鉄道株式会社を始めとし電燈バス新聞映画等の諸会社を創立経営し地方文化の発展に一生を捧《ささ》ぐ就中《なかんずく》観光信州スポーツ信州を高く宣揚して上高地の開発と県運動場の設置とは君の慧眼努力に依《よ》るものである今君の七回忌に当り同志相謀《はか》りてその業績を讃え碑を建て遺徳を後世に傳へんとして文を余に徴す敢《あえ》て辞せず聊《いささ》か其知る所の梗概を誌す

昭和三十一年十月七日

労働大臣

辱知　倉石忠雄　撰

裏面には、

昭和三十一年十月

発起者　松本電気鉄道株式会社

　　　　元関係事業従業員一同

後援　松本市新村

　　　並　賛助員一同

制作　新村　上條俊介

　　　石匠　吉本常定

——とある。

【編集部補筆】 松本電気鉄道は、平成23年（２０１１）４月「アルピコ交通」に社名変更。松本―島々間は「上高地線」と呼ばれ、新島々―島々間１・３キロは、台風災害の被害で昭和59年（１９８４）限りで廃止された。現在、本頌徳碑は上高地線新村駅の少し東に移設されている。新村駅は前身・筑摩鉄道の本社が置かれた場所。

草津温泉駅跡の碑＊

▼群馬県吾妻郡草津町草津

浅間山麓を北上した高原鉄道の終点

大正４年（１９１５）７月22日、２両の客車を引いて新軽井沢―小瀬（のちに小瀬温泉）で開業したのが草津軽便鉄道だった。逐次延長し、大正15年に草津温泉まで55・５キロの全線が開通した。草津温泉駅の営業開始は９月19日。その間、大正13年に草津電気鉄道と改称し電化、さらに昭和14年（１９３９）には草軽電気鉄道と改めた。

草軽電気鉄道の最盛期は終戦直後の昭和21年（１９４６）。輸送人員46万人だったところ、その年の４月に国鉄長野原線が上越線・渋川―長野原（現・長野原草津口）間で旅客営業を開始。長野原駅―草津温泉間で国鉄バス輸送が始まった影響を受け、さらに昭和24年のキティ台風をはじめ、同25年のヘリン台風と相次ぐ台風で大きな被害を受けた、昭和35年（１９６０）４月25日で新軽井沢―上州三原間の営業を廃止、残りの区間である草津温泉までも37年１月31日をもって営業を廃止した。

草津温泉駅の中心地から南西に約600メートル離れた駅構内だった場所(公園)の一角に、地元有志による「駅跡地の碑」が立つ。その碑面には横書きで「草津電気鉄道　草津温泉駅跡」とあり、その裏面に次のような銘板が取り付けてある。

【碑文】

草津温泉駅は　長野県軽井沢町と群馬県草津町を結ぶ草軽電気鉄道55粁《キロ》241米《メートル》の群馬県側始発駅として大正15年9月18日に開業し　発展途上にある草津温泉の表玄関として多数の浴客や地域住民の乗降を主体とし　硫黄薪炭等地元生産物の発送と各種建築資材食料品など生活必需品の到着した　懐かしい駅でもあったが　交通事情の変革により　昭和37年1月31日同電鉄の廃線のため　37年間の営業を閉じた

昭和58年11月吉日

草軽交通社友会

草津町有志

建之

草津温泉駅舎（昭和36年7月）。この約半年後、上州三原までの最後の区間が廃止となった＝羽片日出夫氏提供

草津温泉駅跡の碑。温泉街の入り口に当たる公園にあり、温泉街の中心からは離れている

補遺

底本には載らなかった碑と、底本刊行後に建立された碑を紹介します。

（執筆＝編集部）

軽井沢駅構内 煉瓦サイロの碑

▼北佐久郡軽井沢町軽井沢（軽井沢駅前）

アプト式区間の主役だった煉瓦

軽井沢駅北口の西隣にある(旧)軽井沢駅舎記念館の前に、草軽電気鉄道で活躍した〝カブトムシ〟電気機関車と並んである。煉瓦《れんが》のかたまりと、それを囲うように置かれた金属製の輪による現代アート的なモニュメントだ。アプト式で開業した横川―軽井沢間の構造物（トンネル、橋など）では煉瓦が大量に使われており、最も大きな構造物である国重文の碓氷第3橋梁では200万個といわれる。当時の既存工場での製造だけでは間に合わず、軽井沢町内にも煉瓦工場を建設して調達した。この碑は、その煉瓦に〝敬意を表する〟意味が込められている。

碑の煉瓦は、軽井沢駅構内にあったサイロ（＝倉庫、明治40年完成）の一部分を使っており、厚さは60センチ。アプト式蒸気機関車時代は給水のための水槽として、電化により大正11年（1922）に蒸気機関車が廃止された後は、倉庫として長年使用してきたが、平成元年（1989）6月、北陸新幹線・高崎―軽井沢間が着工し、新幹線駅の場所が倉庫等に掛かったため、取り壊された。

平成7年（1995）6月、JR東日本が「後世に鉄道遺構を伝える」狙いで設置した。煉瓦にはコケがかなり生えている。案内板も風化し、説明文が読みにくくなってきたのが寂しい。

軽井沢駅構内煉瓦サイロの碑。(旧)軽井沢駅舎記念館の前に、草軽電気鉄道の電気機関車と並んである

アプト区間電化（明治45年）後の軽井沢駅構内。線路脇の第3軌条から電気を得た＝鉄道博物館提供

停車場拡張記念碑

▼小諸市赤坂（小諸駅南東ガード脇）

発展する時代に駅を拡張

小諸駅を出て右手に200メートルほど歩いて行くと、駅南端の構内をくぐるガードがある。その入り口右側に、天を刺すように碑が立っている。端正な文字で「大正二年　停車場拡張記念碑」とある。

この記念碑については資料も少なく、はっきりしたことは分からない。小諸駅は信越線の上田―軽井沢間が明治21年（1888）12月に延伸した時に、田中、御代田と共に開業した駅だが、碑に彫られている大正2年（1913）に特に大きな出来事はなかった。碑の裏には約150人の寄付者名が並ぶが、由来に関する記述はない。

ただ、小諸は城下町、北国街道の宿場町として発展した商業の町であり、丸萬製糸場や純水館といった製糸工場によって明治初期から栄えた町でもある。この頃の小諸に関わる動きを見ると、大正2年には小海線の前身・佐久鉄道が会社発足し、翌4年には小諸―中込間が開業。大正3年には路線名が「信越本線」となった。製糸関連の物資や人の往来が増える中で、駅の規模拡大が必要になったことは十分に考えられる。

開業当時の小諸駅構内（明治21年）

小諸駅は北陸新幹線の開業に伴い、第三セクターしなの鉄道の駅となった。かつて10両以上の編成で行き来した特急が停まった長いホームの端が、碑のある場所まで伸びている。

小諸駅のホームをくぐるガード脇に立つ停車場拡張記念碑

今井駅開駅記念碑

▼長野市川中島町今井（今井駅西口前）

10年の運動を経て駅開設

今井駅は平成9年（1997）10月1日、北陸新幹線・高崎―長野間と同時に開業し、信越線では安茂里（川中島―長野間）から12年ぶりの新駅。JR長野支社管内では、篠ノ井線・平田駅（村井―南松本間、平成19年3月）に次ぐ新しい駅である。篠ノ井―川中島のちょうど中間にあり、東側の今井ニュータウンは市営住宅だが、長野冬季五輪の時には選手村として使われた建物群。一方、西側一帯は「川中島白桃」に代表される桃の名産地で、春には咲き誇るピンクの花が、ホームからも楽しめる。

五輪を機に実現した新駅だが、その約10年前から、地元が設置研究会、期成同盟会をつくって要望を続けてきた。設置費用は地元も寄付を募って負担している。直線の複線区間に相対式ホーム2面、駅舎は東西自由通路を兼ねた橋上駅だが、屋根はスキーのジャンプ台、窓はゴンドラリフトをイメージしたという。

記念碑は西口の階段を下りたところにあり、細長いコンクリートに銅板がはめ込まれている。裏には説明と経過、関わった個人・団体の名前などが記されている。説明文では、地元での運動を振り返り「……ここに請願駅として、念願の今井駅が開設されたのである」と結んでいる。

今井駅開駅記念碑。西口階段を下りた正面に立つ

今井駅西口一帯は桃の産地。春にはホームや新幹線車窓からもピンクの花が楽しめる（平成20年4月）

西条駅開駅百周年記念碑

▼東筑摩郡筑北村西条（西条駅前）

石炭で栄えた篠ノ井線の暫定終点

篠ノ井線が最初に開業したのが明治33年（1900）11月、篠ノ井―西条間。ここから松本盆地に抜けるには、険しい白坂の山地を抜けなければならず、その難工事にはさらに1年半を要した。暫定的な終点となった西条駅は、峠を往来する人びとでにぎわうようになり、駅前の商店に弁当などの構内販売の許可が出たという。

駅近くの西条炭鉱では石炭が採掘されたが、白坂トンネルが開いて明治35年12月までに塩尻まで篠ノ井線が達すると、その輸

西条駅前の小庭園に立つ開駅百周年記念碑。左側には新しい白坂トンネル掘削時に出た石が並ぶ

送が篠ノ井線の大きな役割となった。中央線の塩尻到達はまだ4年も先のため、岡谷の製糸工場の動力に使うため、塩尻まで運ばれた石炭は索道で山を越えていた。

駅の開業からちょうど１００年の平成12年（２０００）年11月２日、当時の本城村などによる実行委員会が記念式典を開催。合わせて、駅横の小さな庭園に記念碑が建てられた。「西条駅開駅百周年記念」の文字は、当時のＪＲ東日本長野支社長・野崎哲夫氏の筆。裏には所在地や塩尻起点の位置、標高、歴史などを刻んである。向かって左隣にあるのは、篠ノ井線新線の第３白坂トンネルの掘削の時に出た岩石。新線への切り替えから約30年となるが、駅の西方には、いまだ架線柱やレールもそのままの旧線跡が残っている。

西条駅（昭和57年9月）。この建物のまま現在は改装されている

戸沢三千太郎翁頌徳碑

▼新潟県糸魚川市大所平岩（平岩駅前）

大糸線の工事再開と全通に尽力

平岩駅は、駅の所在地は新潟県内だが、駅の裏手を流れる姫川に県境があり、駅の北にある橋を渡ると、そこは長野県小谷村の姫川温泉。同温泉や同村北部の山間集落入り口の駅として〝長野県の駅〟ともいえる。駅前にある肖像（横顔）入りの碑がたたえる戸沢三千太郎は旧・北小谷村の村長だった人である。

平岩駅のある中土—小滝間17・7キロは、昭和32年（1957）8月15日の開業であり、県関連の旧国鉄区間では著しく遅い。南は中土、北は小滝までが昭和10年（1935）に開業し、工事が進んで一部橋梁や路盤工事は完成したものの、第2次大戦が波及した資材難で一度敷いたレールがはがされる事態に。戦争が終わっても放置され、工事再開は昭和27年（1952）を待った。

碑は裏側上部が欠け、碑文の一部が読めないが「戸沢は工事中断や資材撤去で工事が進まない中、推されて促進期成同盟会の中心的な人物となり、全通に向けて関係者の間を奔走した」との内容。建立時期は昭和38年（1963）11月となっている。

大糸線は南小谷を境に松本方の電化区間がＪＲ東日本、糸魚川方の非電化区間がＪＲ西日本の管轄。今や北陸新幹線の駅となった糸魚川に接続しているが、特に西日本区間は災害や大雪による運休も多く、行く末が不安な路線である。

平岩駅前に立つ戸沢三千太郎頌徳碑。揮毫は国鉄総裁だった十河信二

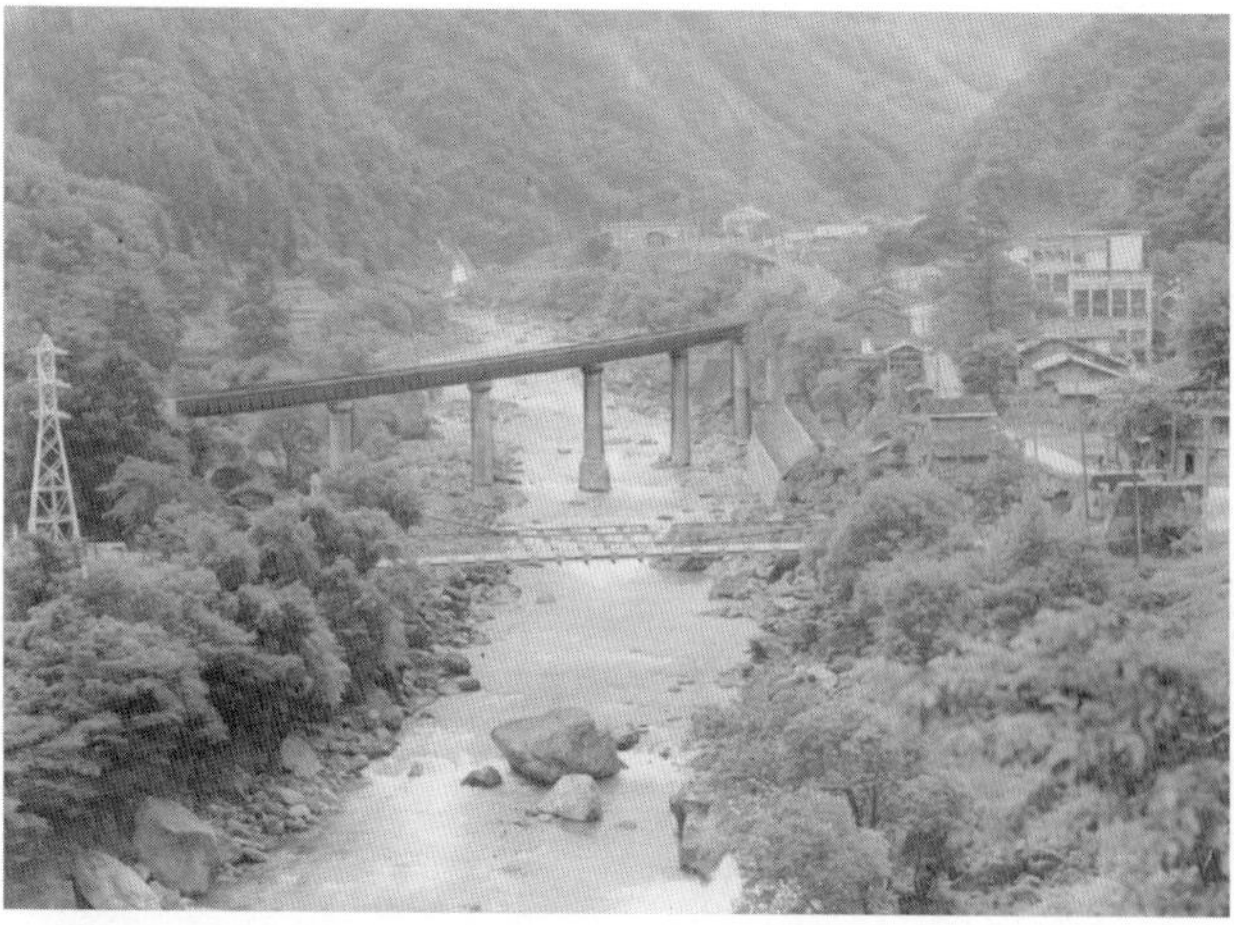
大糸線全通直前の平岩駅付近。中央は第7下姫川橋梁、右岸（写真左側）は長野県小谷村（昭和32年）

田切駅舎移転記念碑

▼上伊那郡飯島町田切（田切駅北・旧駅跡）

急カーブ駅が存在した証

現在の田切駅は、築堤上の直線上に鉄骨が組まれた棒線駅で、駅ホームからは中央アルプスの山並みを望む。平成5年（1993）にアニメビデオの舞台となって以来〝聖地巡礼〟に訪れる若者らが増え、彼らファンクラブによる駅清掃などの活動も長く続いた。

この駅は、昭和59年（1984）5月までは約100メートル北にあった。駒ケ根方面からの上り電車が中田切川の段丘を上り切った切り通し部分にホームがあったが、

急カーブ上にあった田切駅（昭和58年12月）。列車とホームとの間に大きな隙間ができ、乗降が危なかった

半径140メートルの急カーブにあり、乗降や安全確認に問題があった。

旧駅時代は風格ある木造駅舎があったが、移転後に解体。普通、線路や駅があった場所には何らかの痕跡が残るものだが、旧駅跡地は「本当にそこに駅があったのか」と思わせるほど。畑となり、しばらくは何の面影もない状況だったが、移設から13年後の平成9年（1997）6月、土地所有者が移転記念碑を建てた。

裏にある碑文には駅開設の経過を、田切出身の実業家・山田織太郎（郡内の製糸業者を結集した連合組織「組合製糸龍水社」の創業者）や土地所有者、初代駅長らの名前を挙げて記している。

田切駅舎跡記念碑。ここに駅があった痕跡は見当たらない

旧駅の位置から見た現在の田切駅（平成20年10月）

天竜川上流部治水対策事業完成記念碑

▼飯田市川路（川路駅前）

大規模治水事業で駅も一新

天竜川は、切り立った崖の風景の美しい時又《ときまた》の「鵞流峡《がりゅうきょう》」を抜けると、川路の平坦地に出る。前後の峡谷の間にある広々とした一帯だが、古くから氾濫原として、水害常襲地だった。特に昭和36年（1961）の梅雨前線による「三六災害」では川路、龍江《たつえ》、竜丘《たつおか》の一帯が被災。特に川路の被害は大きく、駅舎は屋根まで冠水した。災害後、駅周辺の家や商店は周辺の高台へ避難し、長く駅だけが孤立していた。

氾濫原を解消し、人や産業が集まる地域を新たにつくるため、国、県、市、中部電力の4者による治水対策事業が行われた。約100ヘクタールを盛り土で高くする工事は、平成14年（2002）9月の完成までに17年掛かった。

治水事業の一環で、この地を走る飯田線も時又―天竜峡間の線路を天竜川寄りに付け替えた（飯田線の総距離が100メートル短縮）。必然的に川路駅も移設。一帯で養蚕が盛んだったことから、駅舎は繭をイメージしている。整備された駅前広場に記念碑が建てられた。碑は事業主4者の連名

三六災害の時の川路駅一帯。左側の架線柱があるラインが飯田線で、川路駅（矢印）も屋根を残して水没した（昭和36年6月28日）

で、建立の日付は平成14年9月7日となっており「新生の大地　いま歩み出す新しい歴史」と刻まれている。

治水対策事業で生まれ変わった川路駅（後方）の駅前にある記念碑（平成21年3月）。

善光寺下駅記念碑

▼長野市三輪7丁目（善光寺下駅西）

駅開業と道の開通を祝う

長野電鉄長野線の善光寺下駅は、文字通り善光寺への最寄り駅ではあるが、実際に歩くのは大変だ。仁王門に続く市道を上り、本堂までは約700メートル、この間の高低差は約30メートルある。加えて道が狭いので、参拝客の多くは長野駅から表参道（中央通り）をバスか徒歩で行き来する。

この坂道を、駅から約120メートル歩いた右側に、今となっては珍しくなった二宮尊徳像と並んで大きな石碑が立つ。上部には「記念碑」とある碑の大要は「大正12年（1923）に長野電鉄が創立されると、善光寺東口方面の開発と市民の利便のために、停車場の設置とその連絡道路の開削が計画された。地元6町の区長と有志が相談し、経費を拠出するために頼母子講《たのもしこう》を組織。電鉄社長と長野市長の指導援助の下、県会・市会の協賛を得て、道路の開通と善光寺下駅の完成に至った」との内容だ。

建立は昭和13年とあるので、駅開業（須坂―権堂間開業の大正15年6月）13年後となる。正確には「善光寺下駅と、善光寺から駅へ至る道」の完成記念碑だが、この碑に関する資料は乏しく、道の区間や開通時期の詳細は不明。ただ、碑のすぐ西側で旧北国街道が北東に分かれるので、道は街道の分岐点から駅方面へできたと推察される。

善光寺下駅と関連道路の完成を記念する碑。善光寺に向かう坂道の右手に立つ

地上駅時代の善光寺下駅と特急電車。北東に向きを変えるカーブ地点にあった（昭和45年9月）＝小西純一氏提供

御嶽堂公園碑

▼上田市御嶽堂

古刹や鉱泉……名所案内の石碑

上田電鉄別所線の下之郷駅からはかつて、旧丸子町方面へ線路が延びていた。大正15年（1926）8月に開業、塩田平の東を通って西丸子に達する8・6キロ。丸子鉄道に対抗し、上田温泉電軌が上田と丸子町を結ぶ「依田窪線」として開業し、のちに「西丸子線」となった。

丸子の市街地に入る手前、依田川を渡る橋梁のたもとに川端駅があった。昭和38年（1963）に廃止され、痕跡が乏しい西丸子線で、同駅跡に残る石碑と橋台跡は数少ない貴重な遺構である。

碑は上田温泉電軌が昭和5年（1930）に建てた。路線や駅の由来ではなく、駅周辺の名所案内である。上部に「御嶽堂《みたけどう》公園」。碑文は崩した文字で読みにくいが「西南の山麓一帯」「古刹宗龍寺」「奇勝岩谷堂観世音」「岩谷鉱泉」などが読み取れる。

御嶽堂地区は、平安時代に武将・木曽義仲が居館を設け、平家討伐のために挙兵した――と伝わる地で、洞窟の岩谷堂はかつて「丸子八景」にも選定された。歴史のある一帯を〝御嶽堂公園〟と称し、駅最寄りの名所としてPRしたようだ。

依田窪橋梁は、昭和36年（1961）6月の豪雨で破損。復旧できないまま2年後に路線廃止となった。旧路線に沿ったバス路線「西丸子線」が辛うじて走り続けるほか、下之郷駅にはホーム跡が残っている。

川端駅の跡地に残る御嶽堂公園の碑。依田川橋梁の橋台も残っている

川端駅跡に残る依田川橋梁の橋台跡。難工事の末に架けられたが、豪雨災害での破損が廃止の一因になった

上松線乗合自動車発祥地の碑

▼松本市大手6丁目

松本―上田を結ぶ夢への模索

松本と上田を結ぶ計画だった乗合自動車会社の会社設立60周年と、松本と上田を結んだ「第二路線」（通称「二線路」、現・国道143号）の開道百周年を祝って、個人が建立した記念碑である。バス会社の碑だが、大正期からの鉄道構想が〝前身〟としてあることから、鉄道碑として紹介することにした。

碑文や松本市史によると、上松《じょうしょう》自動車の創業者・市川儀勝は大正10年（1921）5月に鉄道敷設を計画するも実現ならず。計画を乗合自動車（バス）に変え、昭和3年（1928）4月に営業許可願を県に提出、約1年後に認可された。営業開始は昭和5年で、区間は松本―召田《めすだ》（現・松本市四賀）まで。引き続き上田まで出願する一方、市川は自費で道路を改修するなど路線実現に尽力した。ようやく10年（1935）10月、上田温泉電軌の終点・青木までの延長が認められるも翌々年、市川が病死。昭和16年には松本自動車（のちの松本電気鉄道、アルピコ交通の前身）に営業権が譲渡され、10年余の幕を閉じた。

なお、松本―上田間のバス路線は戦後の昭和22年（1947）7月、松電と千曲バスが始めたが、鉄道で結ぶ計画も具体化。

上松線乗合自動車発祥地の碑。撰文は松本市社会教育課。飲食店などが集まる路地に面して立つ

昭和24年2月に敷設免許を申請し、2年後に認可された。しかし、上松間の鉄道に関しては松電の社史にもそれ以上の記載がなく、計画消滅の詳細は不明。現在、中信と東信を結ぶメーンルートとなっている三才山トンネルの開通は、昭和51年（1976）まで待たなければならなかった。

木曽森林鉄道記念碑

▼木曽郡上松町小川入国有林（赤沢自然休養林内）

木曽の美林と暮らしを支えて

木曽の森林鉄道は、全国各地で活躍した林鉄の中でも代表格といえる。江戸時代の尾張藩直轄から明治期には皇室所有の御料林となった豊かな山林は、木材が厳しく管理されてきた。林業最盛期の昭和30年代、木曽谷一帯に張り巡らされた森林鉄道は、総延長400キロを超える規模となり、木材の運搬のみならず、山奥深く生活する人びとの暮らしも支えてきた。

昭和50年（1975）の王滝線の廃止で、木曽の森林鉄道は70年の歴史に終止符を打ったが、林野庁は保存を望む声を受け、小川線の支線があった赤沢自然休養林に、車両や資料を展示する森林鉄道記念館を開設。さらに昭和60年国有林の活用を拓《ひら》いた赤沢の園内に、運行当時の車両や資料が集められ、保存を目的に昭和60年（1985）の伊勢神宮御用材の運搬で一部軌道を復活したのを機に、昭和62年からは1・1キロで観光運転を行っている。

記念碑は、赤沢停車場（記念館）近くに立つ。長野営林署が昭和53年10月に建立。副碑には「時代の流れを背景に地元住民労働組合の協力を得ながら逐次自動車道への切替を進め」たとし、「長い間愛され親しまれた森林鉄道をしのんでここに記念碑を建立しました」と結んでいる。

大正時代の小川森林鉄道。山土場での運材台車への積み込み作業の様子＝中部森林管理局提供

赤沢森林鉄道の乗り場近くに立つ記念碑

林鉄記念碑

▼木曽郡大桑村野尻阿寺（阿寺国有林）

木曽森林鉄道の草分け的存在

「阿寺ブルー」が美しい木曽川の支流・阿寺《あてら》川に沿う阿寺渓谷。一帯の国有林入り口に、昭和40年（１９６５）12月に建てられた「林鉄記念碑」がある。野尻営林署長による「六十年余の輝かしい歴史を有する森林鉄道との決別　誠に感無量なり」の碑文が刻まれている。

阿寺森林鉄道は、木曽の森林鉄道の原点といえる存在だ。明治34年（１９０１）、阿寺御料林内に敷かれた軽便軌道が前身で、軌間は６０９・６ミリ。２両の台車を人力、畜力で引き上げたという。その後、明治40年に７６２ミリに改軌され、動力運転とな

阿寺国有林の入り口に立つ林鉄記念碑＝関冨征児氏提供

った。

一般に〝阿寺森林鉄道〟と呼ばれるのは、阿寺国有林を走る林鉄の総称で、１級の幹線である野尻森林鉄道の先に、２級線であった阿寺、北沢などの各支線が延びていた。

中央線野尻駅とつながったのは大正14年（１９２５）。同駅を出ていったん北上、大きく左カーブして木曽川を渡ってから南下し、木曽川の合流点付近から渓谷に入った。阿寺林内の路線は昭和34〜43年の間に廃止されたが、大正10年に完成した木曽川橋梁は今も、曲弦プラットトラスの貫禄ある姿をさらしているほか、阿寺渓谷沿いにもところどころに廃線跡がある。

野尻鉄橋で木曽川を渡る阿寺森林鉄道の運材列車＝中部森林管理局提供

あとがき（初版所収）

新橋―横浜間に初めて鉄道が敷設されたのは明治5年（１８７２）のことであった。東・西を結ぶ路線については、論議の末、中山道鉄道と決まり着工になった。ところが、これに反対する静岡県側の猛運動で東海道線優先着手に変更されて、中山道鉄道案は廃案になった。だが、すでに着工の分は続行が認められ、長野県の鉄道は比較的早い時期に建設された。その工事中の明治19年（１８８６）頃、コレラの大流行で多くの工事関係者らが犠牲になった。慰霊の碑が痛ましい事実を訴えている。

工事の犠牲者あるいは事故や災難に遭遇した人びとの慰霊の碑、鉄道の建設・駅開設を喜ぶ記念の碑、また鉄道敷設に関連した先覚者・功労者顕彰の碑等々が、駅前に、線路の脇にまた公園などに建てられている。それらの鉄道碑の中には忘れ去られ、草むらの中に埋もれてしまっているものもあり、わびしく立っている様は無情の感を深くする。だが一方では、今なお花を供え、また老人クラブなどが周囲を花畑で飾り手入れしている碑もあり、胸を打たれる。

明治時代の碑には漢文で綴《つづ》られた撰文《せんぶん》が多く、読みこなすのは困難である。また長い年月風雪にさらされ判読できないものもあるが、それらのひとつひとつが鉄道の裏面史を今に語りかけている。まさに叙事の譜である。尊い文化財でもあるこれらを記録に残したいと、非力を顧みず調べ始めて十余年が経過した。中には不明の点・明らかにできなかったものもあったが、ひととおりまとめることとした。お気付きの点や不十分のところは御教示・御叱声《しっせい》を賜りたい。題名を『信州の鉄道碑ものがたり』としたが、隣接県に所在する碑でも信州に関係が深いものは収録した。また、お気軽にご覧いただけるように写真を多く入れ、関連するこぼれ話を時代の点描「鉄道おもしろ話」としてコラムの形で随所に挿入、開通年次などの参考資料を巻末に付した。

碑の写真は取材のつど撮影したものが大半だが、その他、鉄道写真家・鈴木昭平、小野芳人両氏の作品もお借りした。ＪＲ長野支社、郷土出版社、岩崎俶明、名取政仁氏からもご提供願った。写真ご提供の各位、取材にご協力賜わった方々、それに郷土出版社編集部の皆さん方のおかげで出版の運びとなった。紙上をお借りして厚くお礼を申し上げる。

平成３年３月　　降幡　利治

西大滝－森宮野原	T 14.11.19
森宮野原－津南（越後外丸）	S 2. 8. 1
津南（越後外丸）－越後田沢	S 2.11. 6
越後田沢－十日町	S 4. 9. 1

▶S19.6.1 国有移管。十日町線を合わせて飯山線となる

十日町線

十日町－越後岩沢	S 2.11.15
越後岩沢－越後川口	S 2. 6.15

長野電鉄（長野線）

長野－権堂〔長野電気鉄道長野線〕	S 3. 6.24
権堂－須坂〔〃〕	T 15. 6.28
須坂－信州中野〔河東鉄道〕	T 12. 3.26
信州中野－湯田中〔平穏線〕	S 2. 4.28

▶T15.9.30 河東鉄道と長野電気鉄道が合併し、長野電鉄となる

アルピコ交通（上高地線）

松本－新村〔筑摩鉄道〕	T 10.10. 2
新村－波田（波多）	T 11. 5. 3
波田（波多）－島々	T 11. 9.26

S60.1.1 新島々－島々間廃止

▶筑摩電気鉄道、松本電気鉄道を経て H23.4.1 アルピコ交通となる

上田電鉄（別所線）

上田－城下（三好町）〔上田温泉電軌川西線〕	T 13. 8.15
城下（三好町）－別所温泉（信濃別所）〔〃〕	T 10. 6.17

▶上田電鉄、上田丸子電鉄、上田交通を経て H17.10.3 上田電鉄となる

宮田ー駒ケ根（赤穂）	T 3.10.31
駒ケ根（赤穂）ー伊那福岡	T 3.12.26
伊那福岡ー飯島	T 7. 2.11
飯島ー七久保	T 7. 7.23
七久保ー高遠原	T 7.12.12
高遠原ー上片桐	T 9.11.22
上片桐ー伊那大島	T 11. 7.13
伊那大島ー山吹	T 12. 1.15
山吹ー市田	T 12. 3.13
市田ー元善光寺	T 12. 3.18
元善光寺ー飯田	T 12. 8. 3
飯田ー伊那八幡	T 15.12.17
伊那八幡ー毛賀	S 2. 2. 5
毛賀ー駄科	S 2. 4. 8
駄科ー天竜峡	S 2.12.26

※伊那市内の開通年次は資料により相違がある。本表は『静岡鉄道管理局沿革史』による

三信鉄道

天竜峡ー門島	S 7.10.30
門島ー温田	S 10.11.15
温田ー平岡（満島）	S 11. 4.26
平岡（満島）ー小和田	S 11.12.30
小和田ー大嵐	S 12. 8.20
大嵐ー天龍山室（山室）＝旧線（廃止）	S 11.12.29
天龍山室ー佐久間水窪口＝同上	S 11.11.10

▶S12.8.20 伊那電気・三信・鳳来寺・豊川の4私鉄の接続で辰野ー豊橋間全通
S18.8.1、4私鉄一括で国有移管し、飯田線となる

飯 山 線

飯山鉄道

豊野ー飯山	T 10.10.20
飯山ー桑名川	T 12. 7. 6
桑名川ー西大滝	T 12.12. 1

大糸北線

中土—小滝	S 32. 8.15
小滝—根知	S 10.12.24
根知—糸魚川	S 9.11.14

▶S32.8.15 中土—小滝間開通により南線・北線が接続し、大糸線となる

小 海 線

佐久鉄道

小諸—中込	T 4. 8. 8
中込—羽黒下	T 4.12.28
羽黒下—小海	T 8. 3.11

▶S9.9.1 国有移管

小海北線

小海—佐久海ノ口	S 7.12.27
佐久海ノ口—信濃川上	S 10. 1.16

小海南線

信濃川上—清里	S 10.11.29
清里—小淵沢	S 8. 7.27

▶S10.11.29 信濃川上—清里間開通により南線・北線が接続、小海線となる

飯 田 線

伊那電車軌道—伊那電気鉄道

辰野〔西町〕—松島（伊那松島）	M 42.12.28
松島（伊那松島）—木ノ下	M 44. 2.21
木ノ下—北殿	M 44.11. 3
北殿—伊那北	M 45. 1. 4
伊那北—伊那市（伊那町）	T 1. 9. 1
※上記区間を軽便鉄道の新線に切り替え	
辰野〔西町〕—伊那松島	T 12. 3.16
伊那松島—伊那市（伊那町）	T 12.12. 1
伊那市（伊那町）—宮田	T 2.12.27

中央西線

木曽福島ー上松	M43.11.25
上松ー須原	M43.10. 5
須原ー野尻	M42.12. 1
野尻ー南木曽（三留野）	M42. 9. 1
南木曽（三留野）ー坂下	M42. 7.15
坂下ー中津川（中津）	M41. 8. 1
中津川（中津）ー多治見	M35.12.21
多治見ー名古屋	M33. 7.25

▶M44.5.1 宮ノ越ー木曽福島間開通で東線・西線が接続、中央線となる

篠ノ井線

篠ノ井ー西条	M33.11. 1
西条ー松本	M35. 6.15
松本ー塩尻	M35.12.15

大 糸 線

信濃鉄道

松本ー北松本（松本市）	T 4. 4. 5
北松本（松本市）ー豊科	T 4. 1. 6
豊科ー柏矢町	T 4. 6. 1
柏矢町ー穂高	T 4. 7.15
穂高ー有明	T 4. 8. 8
有明ー信濃松川（池田松川）	T 4. 9.29
信濃松川（池田松川）ー信濃大町（仏崎）	T 4.11. 2
信濃大町（仏崎）ー信濃大町〔現〕	T 5. 7. 5

▶S12.6.1 国有移管し、大糸南線に編入

大糸南線

信濃大町ー簗場	S 4. 9.25
簗場ー神城	S 5.10.25
神城ー信濃森上	S 7.11.20
信濃森上ー中土	S 10.11.29

北条－長岡	M31.12.27
長岡－東三条（一ノ木戸）	M31. 6.16
東三条（一ノ木戸）－上沼垂－沼垂	M30.11.20
沼垂－新潟	M37. 5. 3

▶M40.8.1 国有移管

中 央 線

東京－万世橋	T 8. 3. 1
万世橋－昌平橋	M45. 4. 1
昌平橋－御茶ノ水	M41. 4.19

甲武鉄道

御茶ノ水－飯田町	M37.12.31
飯田町－牛込	M28. 4. 3
牛込－新宿	M27.10. 9
新宿－立川	M22. 4.11
立川－八王子	M22. 8.11

▶M39.10.1 国有移管

中央東線

八王子－上野原	M34. 8. 1
上野原－鳥沢	M35. 6. 1
鳥沢－大月	M35.10. 1
大月－甲斐大和（初鹿野）	M36. 2. 1
甲斐大和（初鹿野）－甲府	M36. 6.11
甲府－韮崎	M36.12.15
韮崎－富士見	M37.12.21
富士見－岡谷	M38.11.25
岡谷－辰野－塩尻	M39. 6.11
岡谷－塩尻〔塩嶺新線〕	S58. 7. 5
塩尻－奈良井	M42.12. 1
奈良井－藪原	M43.10. 5
藪原－宮ノ越	M43.11.25
宮ノ越－木曽福島	M44. 5. 1

線別・区間別鉄道開通年月日一覧

※現在路線がある長野県関連のみ記載

北陸新幹線

高崎－長野	H 9.10. 1
長野－金沢	H27. 3.14

高崎線・信越線

日本鉄道

上野－熊谷	M16. 7.28
熊谷－本庄	M16.10.21
本庄－新町	M16.12.27
新町－高崎	M17. 5. 1

▶M39.11.1 国有移管

中山道幹線・直江津線

高崎－横川〔中山道幹線〕	M18.10.15
横川－軽井沢	M26. 4. 1
軽井沢－上田〔直江津線〕	M21.12. 1
上田－長野〔〃〕	M21. 8.15
長野－関山〔〃〕	M21. 5. 1
関山－直江津〔〃〕	M19. 8.15

M28.2.23 から高崎－直江津間「信越線」に

▶H9.10.1 横川－軽井沢廃止、軽井沢－篠ノ井間「しなの鉄道」に移管

▶H27.3.14 長野－妙高高原間「しなの鉄道」、直江津－妙高高原間「えちごトキめき鉄道」に移管

北越鉄道

直江津－春日新田（仮）	M32. 9. 5
春日新田（仮）－米山（鉢崎）	M30. 5.13
米山（鉢崎）－柏崎	M30. 8. 1
柏崎－北条	M30.11.20

上田電鉄

別所線

城下	444	三好町	443	大学前	455
		赤坂上	451	中塩田	465
		上田原	449	八木沢	502
		寺下	449	別所温泉	551

標高日本最高の駅（普通鉄道）
　野辺山　1,345.675 メートル
標高日本最高地点（普通鉄道）
　清里―野辺山間　1,374.906 メートル

飯田線

宮木	720
伊那新町	719
羽場	723
沢	702
伊那松島	680
木ノ下	676
北殿	661
田畑	650
伊那北	643
伊那市	640
下島	623
沢渡	614
赤木	637
宮田	648
大田切	649
駒ヶ根	674
小町屋	672
伊那福岡	663
田切	637
飯島	647
伊那本郷	645
七久保	695
高遠原	665
伊那田島	635
上片桐	607
伊那大島	519
山吹	460
下平	442
市田	440
下市田	435
元善光寺	441
伊那上郷	500
桜町	520
飯田	512
切石	493
鼎	450
下山村	427
伊那八幡	414
毛賀	403
駄科	411
時又	383
川路	373
天竜峡	382
千代	380
金野	384
唐笠	367
門島	350
田本	346
温田	340
為栗	319
平岡	324
鶯巣	303
伊那小沢	291
中井侍	289
小和田	286
大嵐	283
水窪	270
向市場	258
城西	228
相月	195
佐久間	141
中部天竜	140

長野電鉄

長野線

本郷	377
桐原	379
信濃吉田	372
朝陽	344
附属中学前	339
柳原	336
村山	338
須坂	359
北須坂	365
小布施	350
都住	345
桜沢	331
延徳	334
信州中野	366
中野松川	398
信濃竹原	471
夜間瀬	497
上条	549
湯田中	599

アルピコ交通

上高地線

西松本	587
渚	586
信濃荒井	585
大庭	590
下新	606
北新・松本大学前	614
新村	624
三溝	639
森口	655
下島	669
波田	689
渕東	695
新島々	693

村井	629
平田	609
南松本	594
松本	586
田沢	556
明科	526
西条	662
坂北	600
聖高原	621
冠着	676
姨捨	551
稲荷山	358

大糸線

北松本	583
島内	580
島高松	590
梓橋	595
一日市場	594
中萱	582
南豊科	561
豊科	553
柏矢町	545
穂高	546
有明	539
安曇追分	551
細野	577
北細野	588
信濃松川	614
安曇沓掛	647
信濃常盤	682
南大町	711
信濃大町	713
北大町	732
信濃木崎	760
稲尾	770
海ノ口	767
簗場	827
ヤナバスキー場前	828
南神城	769
神城	746
飯森	720
白馬	697
信濃森上	687
白馬大池	594
千国	540
南小谷	513
中土	464
北小谷	400
平岩	264

小海線

東小諸	684
乙女	698
三岡	707
美里	706
中佐都	699
佐久平	709
岩村田	706
北中込	695
滑津	668
中込	676
太田部	688
竜岡城	702
臼田	711
青沼	724
羽黒下	742
海瀬	757
八千穂	786
高岩	813
馬流	842
小海	865
松原湖	967
海尻	1,035
佐久海ノ口	1,039
佐久広瀬	1,074
信濃川上	1,135
野辺山	1,346
清里	1,275
甲斐大泉	1,158
甲斐小泉	1,044

飯山線

信濃浅野	341
立ヶ花	336
上今井	339
替佐	333
蓮	333
飯山	316
北飯山	317
信濃平	311
戸狩野沢温泉	313
上境	324
上桑名川	317
桑名川	304
西大滝	313
信濃白鳥	332
平滝	309
横倉	288
森宮野原	290
足滝	251

駅の標高

（単位：メートル、小数点以下四捨五入）
※資料のある駅のみ記載（一部推定あり）

北陸新幹線

高崎	107
安中榛名	293
軽井沢	941
佐久平	701
上田	454
長野	362
飯山	330
上越妙高	32
糸魚川	20
黒部宇奈月温泉	67
富山	18
新高岡	21
金沢	17

信越線

篠ノ井	356
今井	359
川中島	362
安茂里	360
長野	361

しなの鉄道

しなの鉄道線

軽井沢	939
中軽井沢	938
信濃追分	956
御代田	828
平原	706
小諸	663
滋野	563
田中	512
大屋	482
信濃国分寺	467
上田	447
西上田	420
テクノさかき	411
坂城	396
戸倉	375
屋代	360
屋代高校前	357

北しなの線

北長野	366
三才	345
豊野	335
牟礼	487
古間	633
黒姫	672
妙高高原	510

中央線（東線）

小淵沢	887
信濃境	921
富士見	955
すずらんの里	950
青柳	867
茅野	790
上諏訪	762
下諏訪	768
岡谷	766
川岸	757
辰野	723
信濃川島	770
小野	813
みどり湖	761
塩尻	716

中央線（西線）

洗馬	762
日出塩	812
贄川	872
木曽平沢	915
奈良井	934
藪原	924
宮ノ越	860
原野	837
木曽福島	775
上松	709
倉本	610
須原	563
大桑	527
野尻	522
十二兼	474
南木曽	408
田立	350
坂下	327

篠ノ井線

広丘	664

参考文献（平成3年底本分）
▽日本国有鉄道百年史（日本国有鉄道）▽全国鉄道碑めぐり（同）▽長鉄局二十年史（長野鉄道管理局）▽長鉄局三十年史（同）▽長野県史《近代資料編》（長野県史刊行会）▽信越線の百年（信濃路出版）▽信州の鉄道物語（信濃毎日新聞社）▽駅の社会史（中央公論社）▽信州人物誌（信州人物誌刊行会）▽長野県歴史人物大事典（郷土出版社）▽小谷村鉄道五十年の歩み（南小谷駅）▽辰野駅開業五十周年誌（辰野駅）▽信州辰野ふるさとの昔（甲陽書房）▽峠を越えて（軽井沢駅一〇〇年のあゆみ編纂委員会）▽坂北駅開駅記念誌（坂北村）▽町報あかしな（明科町）▽広報南木曽（南木曽町）▽飯山町史（飯山市公民館）▽小淵沢町誌（小淵沢町）▽小野村誌（小野村）▽伊那谷交通問題の今昔（坂下広士）▽郷土の百年（飯田文化財の会）

主な参考文献（本書追加分、順不同）
▽鉄道停車場一覧（鉄道省・国立国会図書館近代デジタルライブラリー）▽停車場変遷大事典 国鉄・JR編（JTB）▽写真でつづる長野鉄道管理局の歩み（長野鉄道管理局）▽曙光―80年の歩み（松本電気鉄道株式会社）▽長野電鉄80年の歩み（長野電鉄株式会社）▽日本鉄道旅行地図帳（県内関係巻、新潮社）▽鉄道車窓地図《東日本編・西日本編》（JTBパブリッシング）▽JR東日本全線鉄道地図帳（県内関係巻、学研）▽長野県鉄道全駅・増補改訂版（信濃毎日新聞社）▽信州の鉄道物語《上・下》（信濃毎日新聞社）▽近代化遺産国有林森林鉄道全データ《中部編》（信濃毎日新聞社）▽信濃毎日新聞記事▽時刻表▽鉄道関連および市町村等ホームページ

編集・補筆
内山郁夫（信濃毎日新聞社出版部）

帯デザイン・図版作成
酒井隆志

※地図の多くは信濃毎日新聞社刊『信州の鉄道物語上・下』より加筆修正の上、流用しました。

降幡　利治（ふりはた・としはる）
大正6年（1917）長野県諏訪郡下諏訪町生まれ。長年国鉄に勤め、長野鉄道管理局旅客課長、長野駅長、日本旅行中部支社調査役など歴任。退職後は下諏訪観光協会会長、下諏訪町教育委員を務めた。仕事の傍ら郷土史、鉄道史を研究し、著書に『信濃よもやま100話』『信濃鉄道むかし話』『信州の駅物語』『信州七不思議』『信濃路に埋れた人々』『歴史に綴る信濃路』『サービス見どころ勘どころ』『信州の駅弁史』『湯のまち下諏訪よもやま話』など。平成22年（2010）逝去。

Shinmai Sensho
信毎選書　23

信州の鉄道碑ものがたり

2017年3月30日　初版発行

著　　者　降幡　利治
発 行 所　信濃毎日新聞社
〒380-8546　長野市南県町657
電話026-236-3377　ファクス026-236-3096
https://shop.shinmai.co.jp/books/
印刷製本　大日本法令印刷株式会社

ISBN978-4-7840-7302-3 C0326

定価はカバーに表示してあります。
乱丁・落丁本は送料弊社負担でお取替えいたします。